国家能源集团"煤炭清洁高效利用"
—— 2030重大先导项目

碳中和下中国能源转型
与煤炭清洁高效利用丛书

碳中和下
中国煤基能源
产业优化发展

Toward Carbon Neutrality:
Optimization of
China's Coal-based Energy Industry

林伯强　等编著

·北京·

内容简介

当前中国能源行业正处于百年未有之大变局，煤基能源产业的低碳转型将是能源领域的重大议题。本书通过详细阐述煤基能源产业的历史贡献与价值定位，定性分析了碳约束给煤基能源产业发展带来的挑战，并通过构建煤炭清洁高效利用决策优化模型，定量评估了 CCUS 技术嵌入煤基能源产业优化发展的综合成本效益，最后提出针对企业转型、产业优化、政策制定的煤基能源产业低碳发展策略。

本书可供高等院校能源经济、资源经济、煤炭经济等专业的师生，能源相关企业，政府相关管理部门及对能源经济与能源发展感兴趣的大众读者阅读参考，为煤基能源产业管理者的宏观规划决策提供有益支撑。

图书在版编目（CIP）数据

碳中和下中国煤基能源产业优化发展 / 林伯强等编著. —北京：化学工业出版社，2023.3
（碳中和下中国能源转型与煤炭清洁高效利用丛书）
ISBN 978-7-122-42350-4

Ⅰ. ①碳… Ⅱ. ①林… Ⅲ. ①煤炭工业 - 能源经济 - 产业发展 - 研究 - 中国　Ⅳ. ① F426.21

中国版本图书馆 CIP 数据核字（2022）第 189095 号

责任编辑：冉海滢　刘　军
责任校对：宋　玮
装帧设计：王晓宇

出版发行：化学工业出版社
　　　　　（北京市东城区青年湖南街13号　邮政编码100011）
印　　装：中煤（北京）印务有限公司
710mm×1000mm　1/16　印张12　字数174千字
2023年8月北京第1版第1次印刷

购书咨询：010-64518888　　售后服务：010-64518899
网　　址：http://www.cip.com.cn

凡购买本书，如有缺损质量问题，本社销售中心负责调换。

定　价：99.00元　　　　　　　　　　版权所有　违者必究

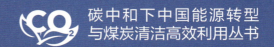
碳中和下中国能源转型与煤炭清洁高效利用丛书

丛书编委会名单

主　任　　孙宝东　蒋文化

副主任　　王雪莲　李瑞峰　李全生　倪　炜

顾　问　　戴彦德　胡秀莲　丁日佳　刘　宇　柴麟敏

委　员　　（按姓氏汉语拼音排序）

蔡　斌　陈诗一　陈　语　冯晟昊　胡时霖
姜大霖　蒋文化　赖业宁　李　锴　李全生
李瑞峰　李　杨　李志青　林伯强　林圣华
毛亚林　倪　炜　聂立功　宁成浩　彭秀健
齐绍洲　孙宝东　谭秀杰　王　雷　王雪莲
魏　宁　吴　璘　吴　微　于　淼　张继宏
张　凯　张　勇　朱吉茂

丛书序

气候变化是 21 世纪全球面临的最严重挑战之一。推动实现碳中和,即二氧化碳净零排放,是减缓气候变化的唯一途径。2020 年 9 月 22 日,习近平主席在第七十五届联合国大会一般性辩论上发表讲话,"中国将提高国家自主贡献力度,采取更加有力的政策和措施,二氧化碳排放力争于 2030 年前达到峰值,努力争取 2060 年前实现碳中和",这是我国在应对气候变化背景下许下的重要承诺,既是积极承担大国责任的行为,也给经济社会低碳转型发展提出了新的要求。能源结构调整是实现碳中和目标的重要内涵。然而,当前我国以煤炭为主的能源结构在短期内难以根本改变,如何在保障经济发展的同时,平稳、快速实现能源转型是当前我国完成碳中和目标需要解决的关键问题。

煤基能源是经济社会发展的重要物质基础,也是碳排放的主要来源,能源行业的健康发展关乎国家资源、环境和经济社会可持续发展。在碳达峰、碳中和目标下,煤基能源在能源系统中承担怎样的角色,煤基能源产业如何有序低碳转型发展?诸此种种,都是我国能源行业高质量发展必须直面解决的重大战略问题。考虑到我国发展阶段特点与富煤、贫油、少气的资源禀赋条件,能源兜底保障责任必然要落到煤炭、煤电身上,这不是权宜之计,是由国情能情决定的必然选择,也是我国能源安全战略的重要组成部分。在国际气候协议约束及国内环保压力下,统筹能源安全、民生保障、成本代价与低碳转型的关系,促进能源、经济、社会、环境协调发展,对我国经济安全和能源企业发展都是巨大挑战。当前,煤基能源产业正步入高质量发展加速期和低碳转型关键路口,十分有必要对新形势下的我国能源中长期转型路径及煤炭、煤电的低碳转型方向作出研判,为我国能源结构优化升级和国家能源安全保障提供相关决策参考。

以煤炭为主体的能源资源禀赋条件,决定了我国实现经济社会持续发展的能源电力稳定供应必须立足国情能情、"做好煤炭这篇大文章"。"煤炭清洁高效利用2030重大项目"是国家面向2030年部署的17个重大项目之一。国家能源投资集团有限责任公司(以下简称"国家能源集团")在"煤炭清洁高效利用2030重大项目先导项目"框架下立项开展"国家中长期碳减排路径与能源结构优化战略研究",旨在研判全球能源系统转型的基本趋势及其不确定性,全面评估煤炭清洁高效利用在能源系统转型中的角色和作用,提出我国中长期能源转型路径方案并为国家制定气候变化战略规划提供支撑,以及为未来启动和推进国家"煤炭清洁高效利用2030重大项目"奠定相关研究基础。

该项目由国家能源集团技术经济研究院牵头实施,联合中国科学院武汉岩土力学研究所、中国科学院科技战略咨询研究院、南瑞集团有限公司、武汉大学、复旦大学、厦门大学以及澳大利亚维多利亚大学政策研究中心(CoPS)等多家国内外机构开展了为期3年的跨学科、跨领域协同攻关。项目基于"全球气候治理—我国能源转型—煤基产业发展"的研究逻辑,系统分析全球气候治理的方案及机制,定量刻画了我国能源转型的演变规律和影响因素,综合评估CCUS技术嵌入煤基能源产业优化发展的综合成本效益。厘清碳中和背景下我国中长期煤基能源发展的目标和优化路径,科学测算 CCUS 技术在中国能源低碳转型战略中的定位和贡献,以期为煤基能源产业低碳高质量发展、煤炭与新能源优化组合战略的实施提供战略支撑和方向引领。

基于项目成果,形成本系列丛书。希望可以为煤炭清洁高效利用相关的理论和实践研究提供研究基础,为国家煤基能源产业发展提出有效建议,为煤炭、电力等行业制定可持续发展战略提供成果支持,为大型综合能源企业制定产业转型升级发展战略提供决策支撑。

借此机会,向为项目研究和丛书出版工作做出努力的研究者和编者表示诚挚的感谢!不足之处,还请专家同行批评指正!

孙宝东

2023 年 5 月

前言

改革开放以来,中国经济的快速增长带动了能源消费和碳排放的快速增加。尽管近年来中国持续推进能源清洁化转型,清洁能源取得跨越式发展,但由于能源消费总量巨大,清洁能源占比仍然较低,煤基能源仍将主导着中国的能源消费结构。煤基能源的可持续利用对于保障我国经济发展和保障能源安全起到压舱石和稳定器的作用。根据英国石油公司(British Petroleum,BP)发布的《世界能源统计年鉴 2021》,我国 2020 年煤炭储量位居世界第四,共计 1431.97 亿吨。2020 年我国煤炭产量位居世界第一,约为 39 亿吨,贡献了全球总产量的半数以上。在消费量方面,2020 年我国煤炭消费总量约为 39.6 亿吨,同样位居世界第一,在全球消费总量中的占比为 54.3%。在储量、产量和消费量方面,煤炭都是我国位居首位的化石能源资源。自改革开放以来,煤基能源为 40 余年的经济高速发展提供了基础能源保障,是国民经济发展重要的支撑产业。

然而不可否认的是,煤炭在能源结构中占比过高不可避免地带来一系列环境问题,造成经济增长与排放控制之间的矛盾。据已有研究报告测算,目前中国化石能源消费所产生的碳排放总量约为 100 亿吨,其中约有 75% 的碳排放源自煤炭消费。目前我国碳排放总量巨大,且人口规模、经济体量和能源消耗量均居于全球前列,在全球气候治理中具有举足轻重的影响。2020年9月，中国政府承诺将采取更加有力的政策和措施，力争在2030年前使碳排放量达到峰值，努力争取在2060年前实现碳中和。这一庄重承诺，既体现了我国在全球气候变化协同治理中的大国担当，也为我国煤基能源体系绿色低碳发展提供了指南针和时间表。虽然在今后较长时间段内，煤炭仍旧是我国保障能源底线的重要化石能源，但不可回避的是，作为高碳能源，控制煤炭消费总量、降低煤炭消费排放强度，是碳排放控制工作的重中之重，关乎"30·60双碳"目标能否顺利实现的大局。

煤基能源产业在短中期内仍会对经济发展起到支撑作用，可以从三个视角考虑：首先是中国能源生产与消费结构的现实情况；其次是保障能源安全的角度，煤基能源产业能够保障能源供应和促进经济增长；最后是在构建清洁高效的能源体系的布局中，煤基能源产业也将发挥重要作用。在"双碳"目标的约束下，煤基能源产业链面临着生存空间狭小、功能定位和技术性及环境负外部性显著等挑战。伴随着经济转型、能源革命、大气污染治理与应对气候变化等重大战略问题的逐渐凸显，中国煤基能源产业进行产业转型是十分必要的。基于当前煤炭产业的体量以及碳排放量，中国争取在2060年前实现碳中和的目标将对煤基能源产业的发展产生剧烈冲击。碳约束下的中国能源改革将逐渐步入深水区，清洁能源替代化石能源、可再生能源电力替代煤电的双重更替步伐加快，煤炭行业提质增效、转型升级的要求更加迫切，煤基能源行业发展面临着历史性拐点。

在"双碳"目标约束下，《碳中和下中国煤基能源产业优化发展》以研判中国煤基能源产业的转型发展路径及应对策略为主要研究目标，通过"定性调研归纳＋定量模型测算"的方式进行问题剖析，旨在实现不同时期的煤炭清洁高效利用以保障经济平稳发展。定性研究方面，围绕"综述产业发展的过去，分析现在存在的问题，提出未来碳约束下的发展举措"的思路，深入分析中国煤基能源产业现状，并将碳排放约束嵌入到煤基能源体系发展进程中，以我国煤基能源产业的现存问题和发展趋势为导向，针对性地研判应对策略。定量研究方面，以可计算一般均衡模型为内核进行深度开发，通过更新数据库、部门聚合与拆分、能源数据处理、碳交易市场刻画等方式编制社会核算矩阵。基于煤炭清洁高效利用决策优化模型结果，量化煤炭清洁高效利用技术发展的经济社会综合效益，探讨不同情景下的未来最优能源结构差异，提出煤基能源清洁高效利用优化方案。最后，结合模型定量测算结果和实地调研的定性成果提出中国煤炭、煤电、煤化工产业的转型发展路径及应对策略。

在"双碳"背景下，剖析中国煤基能源产业面临的问题和挑战，研究中国煤基能源产业的优化发展路径以及应对策略，对促进中国经济、能源与环境三者之间协同发展具有重要现实意义和理论价值。本书研究成果，能够为煤基能源产业协同发展、绿色发展和创新发展相关政策的制定提供理论支持，支撑煤基能源产业管理者的宏观规划决策，有助于推动煤炭清洁高效利用技术的发展，提升煤基能源产业发展的经济效益和社会效益。

本书在国家能源集团技术经济研究院的大力支持下，由厦门大学管理学院、中国能源政策研究院、能源经济与能源政策协同创新中心组织编写，吴微、杜之利、贾智杰、陈语、朱朋虎、李振声、葛佳敏、张冲冲、檀之舟、关春旭、苏彤、徐冲冲、刘智威、王优、潘婷等参与了编写工作。厦门大学能源经济与能源政策协同创新中心及中国能源政策研究院为本书编写提供了诸多的帮助。特别感谢陈语博士和朱朋虎博士所做的大量组织和协调工作。编著者深知所做的努力总是不够，不足之处，望读者指正。

林伯强
2023年1月于厦门

目录

第1章 煤基能源产业发展现状分析　001

1.1 煤炭产业发展现状　005
- 1.1.1 煤炭产业开发现状　005
- 1.1.2 煤炭产业发展变化趋势　007
- 1.1.3 煤炭产业相关政策分析　008

1.2 煤电产业发展现状　013
- 1.2.1 煤电产业发展现状及趋势　013
- 1.2.2 煤电企业经营情况　016
- 1.2.3 煤电产业相关政策分析　017

1.3 煤化工产业发展现状　024
- 1.3.1 煤化工产业基本概况　024
- 1.3.2 现代煤化工产业分布现状　029
- 1.3.3 现代煤化工产业相关政策分析　031

1.4 工业用煤发展现状　035
- 1.4.1 工业用煤基本概况　036
- 1.4.2 工业用煤发展趋势　037
- 1.4.3 工业用煤相关政策分析　038

1.5 散煤治理现状　042
- 1.5.1 散煤治理概况　043
- 1.5.2 相关政策梳理　044

第2章 煤基能源产业中长期发展面临的挑战　049

2.1 煤炭产业发展存在的问题　050
- 2.1.1 低碳约束下煤炭供需结构调整存在压力　050
- 2.1.2 煤炭资源开发带来的生态环境破坏问题　051

- 2.1.3 老矿城产业转型发展路径不清晰 ... 052
- 2.1.4 煤炭转型进程中的就业人口转移和安置 ... 054

2.2 煤电产业发展存在的问题 ... 055
- 2.2.1 "存量大、机组新、效率高"的煤电机组短期难以退出 ... 055
- 2.2.2 煤电产能过剩及相关企业持续性亏损 ... 056
- 2.2.3 未来煤电机组运行面临功能定位和技术性挑战 ... 057
- 2.2.4 当前电力市场改革未对煤电转型产生合理激励效应 ... 057

2.3 煤化工产业发展存在的问题 ... 058
- 2.3.1 碳约束下煤化工产业的战略定位模糊 ... 058
- 2.3.2 碳减排的外部紧约束减弱产业竞争力 ... 059
- 2.3.3 环境污染问题制约产业高质量发展 ... 059
- 2.3.4 高额油品消费税严重影响产业生产经营效益 ... 060

2.4 工业用煤发展存在的问题 ... 061

2.5 散煤治理存在的问题 ... 062

第 3 章 碳约束下的煤基能源发展与减排技术潜力 ... 067

3.1 碳约束下的能源发展趋势 ... 068
- 3.1.1 能源结构发展趋势 ... 069
- 3.1.2 电力结构发展趋势 ... 070
- 3.1.3 能源基础设施投资发展趋势 ... 073

3.2 碳约束下 CCUS 技术的发展优势 ... 075
- 3.2.1 煤基能源产业结合 CCUS 技术的必要性 ... 075
- 3.2.2 煤基能源产业结合 CCUS 技术的潜在优势 ... 078

3.3 全球 CCUS 技术发展现状 ... 080
- 3.3.1 CCUS 技术发展背景 ... 080

	3.3.2　CCUS 技术应用现状	082
3.4	中国 CCUS 发展潜力预测	086
	3.4.1　中国 CCUS 封存潜力	086
	3.4.2　中国 CCUS 减排需求	088

第 4 章　煤炭清洁高效利用决策优化模型　091

4.1	可计算一般均衡模型简介	092
4.2	社会核算矩阵的编制	097
	4.2.1　社会核算矩阵的框架	097
	4.2.2　社会核算矩阵的编制	098
	4.2.3　社会核算矩阵的平衡	100
4.3	煤基能源产业 CCUS 技术的刻画	100
	4.3.1　CCUS 成本的刻画	100
	4.3.2　CCUS 渗透率的刻画	104
4.4	C-CEUM 模型宏观闭合的调整	104
	4.4.1　模型的动态化	104
	4.4.2　生产函数的改进	105
4.5	模拟碳约束情景	106

第 5 章　煤基能源产业结合 CCUS 技术的综合成本效益分析　109

5.1	煤基能源结合 CCUS 技术的研究边界	110
5.2	煤基能源结合 CCUS 技术的规模与成本	110
5.3	CCUS 技术下的碳排放与能源结构转变	112
	5.3.1　不同情景下的碳排放量变化趋势	112

	5.3.2	不同情景下的能源结构变化	114
	5.3.3	不同情景下的电力结构变化	119
5.4	CCUS 技术下的煤基能源产业发展趋势	124
	5.4.1	煤炭产业发展趋势	124
	5.4.2	煤电产业发展趋势	126
	5.4.3	煤化工产业发展趋势	128
5.5	CCUS 技术下的经济社会福利变动	130
	5.5.1	CCUS 技术应用对经济总量的贡献	130
	5.5.2	CCUS 技术应用对就业的贡献	131
	5.5.3	CCUS 技术应用对价格、汇率和社会福利的影响	132

第 6 章 煤基能源产业优化发展策略　　　137

6.1 发达国家煤基能源产业发展经验及启示　　　138
- 6.1.1 主要发达国家煤炭退出经验总结　　　138
- 6.1.2 对我国煤基能源产业优化发展的启示　　　143
- 6.1.3 中国煤基能源产业的优化思路　　　145

6.2 煤炭行业优化发展策略　　　151
- 6.2.1 推动煤炭清洁化，支持相关技术发展和推广　　　151
- 6.2.2 延伸煤炭产品的产业链，发展循环经济　　　152
- 6.2.3 明晰资源型城市转型思路，摆脱"资源诅咒"　　　153
- 6.2.4 保障就业人口转移，实现产业升级和改造　　　155

6.3 煤电行业优化发展策略　　　157
- 6.3.1 推动煤电低碳利用技术研发及示范　　　157
- 6.3.2 加快建立发电容量成本回收机制　　　158
- 6.3.3 实现煤电转型与储能和电网灵活调配的协调发展　　　159
- 6.3.4 构建多层次电价市场推进煤电机组的角色改变　　　160

6.4	煤化工行业优化发展策略	161
	6.4.1　明确现代煤化工产业战略意义，统筹产业发展布局	161
	6.4.2　加快 CCUS 技术示范应用，推进产业碳减排进程	162
	6.4.3　加大废水循环处理技术研发，实施环保税费优惠	163
	6.4.4　调整煤化工行业的油品消费税，设置财政激励	163
6.5	工业用煤行业优化发展策略	164
	6.5.1　积极推进钢铁行业超低排放改造	164
	6.5.2　广泛采取市场化手段推动低碳发展	165
	6.5.3　严格控制行业煤炭消费规模	165
	6.5.4　大力推进建材行业能源要素替代	166
6.6	散煤治理对策建议	167
	6.6.1　增强散煤治理可持续性	167
	6.6.2　扩大清洁取暖覆盖范围，推广分散式取暖技术	167
	6.6.3　加大节能建筑推广力度，促进建筑节能改造	168
	6.6.4　优化财政政策及补贴退坡方案，发挥绿色金融撬动作用	168
6.7	煤基能源产业转型展望	169

参考文献　173

**Toward Carbon Neutrality:
Optimization of
China's Coal-based Energy Industry**

碳中和下中国煤基能源产业优化发展

第 1 章

煤基能源产业发展现状分析

1.1 煤炭产业发展现状
1.2 煤电产业发展现状
1.3 煤化工产业发展现状
1.4 工业用煤发展现状
1.5 散煤治理现状

2020 年 9 月，习近平主席在第七十五届联合国大会一般性辩论上发表讲话："应对气候变化《巴黎协定》代表了全球绿色低碳转型的大方向，是保护地球家园需要采取的最低限度行动，各国必须迈出决定性步伐。中国将提高国家自主贡献力度，采取更加有力的政策和措施，二氧化碳排放力争于 2030 年前达到峰值，努力争取 2060 年前实现碳中和。"

碳约束下的中国能源改革逐渐步入深水区，使用清洁能源替代化石能源、低碳电力替代煤电的步伐逐渐加快，更加迫切地推进煤炭行业提质增效、转型升级，由此煤基能源行业发展也面临着重要拐点。煤基能源产业是指基于煤炭，由煤炭开发、利用及转化等多个业态组成的产业体系。煤炭开发即为煤炭的开采环节，而煤炭利用涉及发电用煤、工业用煤以及民用散煤等方面，煤炭的转化指的是现代煤化工产业。随着经济水平的提升，工业化、城镇化快速发展，中国的能源需求也在持续攀升。鉴于"富煤、贫油、少气"的资源禀赋和特殊发展阶段，煤基能源产业在支撑中国经济社会发展方面发挥了重要作用。

煤基能源产业在国民经济发展中的重要地位主要表现在以下三点：

首先，煤炭能够保障能源安全稳定供应。近年来，国内油气产量与快速增长的油气需求之间的缺口日益增大，油气对外依存度持续增高。在当前国际政治经济形势不确定的背景下，仍需煤炭在保障中国能源安全稳定供应的过程中发挥重要作用。

其次，煤电是利用现有能源基础设施的关键。截至 2020 年，中国煤电总装机 10.8 亿千瓦，占全球总装机的 50.63%，其中超临界和超超临界燃煤机组共占总煤电装机的 55%，然而这些机组平均服役年限仅约 11.6 年。由于技术路径锁定效应，大量先进的煤电机组短期内难以退出。

最后，现代煤化工是煤炭清洁高效利用的有效途径。我国现代煤化工产业经过多年的发展，产业发展已形成一定规模。企业示范项目关键技术实现整体突破，工程示范取得重大成效，园区化、基地化格局初步形成。现代煤化工产业将实现煤炭的清洁高效利用，进而保障能源安全。

2019 年我国煤炭流向图如图 1-1 所示。通过对煤炭供需流向的细致分析，展示煤基能源相关行业发展全貌。

如图 1-1 所示，2019 年，全国煤炭生产达到了 274743.35 万吨标准

第1章 煤基能源产业发展现状分析

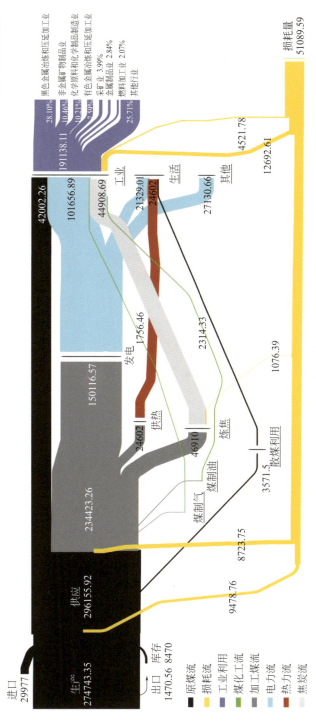

图1-1 2019年中国煤炭供需流向图

煤，产量同比增长约 4.5%。进口的煤炭则约为 29977 万吨标准煤，进口煤炭同比增长了约 6.3%。煤炭在开采、加工和消费的中间过程损耗量达到了 51089.59 万吨标准煤。其中，在煤炭生产阶段和工业消费阶段的煤炭损耗量达到了约 9478.76 万吨和 17214.39 万吨标准煤，分别占总体煤炭损耗量的 18.6% 和 33.7%，是煤炭中间损耗中占比最高的两个环节，而在煤炭供应阶段的损耗量较小，具体为 8723.75 万吨标准煤，约占总损耗的 17.1%。所以，未来我国仍需要提高煤炭整体产业链上的煤炭使用效率，降低总体煤炭在生产、运输及使用阶段的耗损。

从煤炭库存数量来看，2019 年的煤炭库存持续走高，达到 8470 万吨。在 2019 年的第三季度，我国重点电厂的库存逼近甚至超过历史高位，这也导致了煤价进一步的下跌。从煤炭加工的角度来看，发电部门仍是煤炭使用的最大部门，2019 年全年使用了 150116.57 万吨标准煤进行电力生产以满足工业、居民生活及其他用电。炼焦用煤为我国第二大煤耗环节，2019 年的总体用煤达到约 46910 万吨标准煤。而全国的供热则对煤炭的需求量达到约 24602 万吨标准煤。电力、炼焦、供热分别占煤炭加工流程的 64%、20%、10.5%。未来，发电行业和炼焦行业如何降低煤炭消耗以及总体需求将成为我国亟需解决的问题。

从最终消费的角度分析，中国的煤炭消费仍以工业用煤为主要消费对象，居民生活用煤仍处于较低的水平。工业部门的直接用煤量为 42002.26 万吨标准煤，而工业部门用电的煤耗为 101656.89 万吨标准煤，超过了直接用煤量的两倍之多。生活用煤约 45931 万吨标准煤，其中供热用煤量为 24602 万吨标准煤，占到了整体生活用煤的 50% 以上。其他用煤约 27130.66 万吨标准煤。从细分工业用煤行业的角度分析，钢铁、非金属矿物制品、化学原料和制品以及有色金属冶炼四个行业使用了超过 50% 的工业整体用煤，分别占总体煤炭消费的 28.1%、10.5%、10.2% 以及 7.6%。煤化工行业近年兴起，技术突破产业也迎来了快速增长，但其高能耗、高排放的特征也使得我国需要考虑高附加值带来的环境污染。2019 年，我国煤化工行业总共消费大约 4070.79 万吨标准煤，统计中包括以煤制油和煤制气为主的煤化工产业链。虽然目前煤化工行业还处于较小的规模，但是随着现代煤化工产品的不断迭代更新，未来煤化工行业对于煤炭的需求将会持续增加，如何降低煤化工行业的煤炭消耗、提升煤化工行业的能源效率将在未来成为一个新的难题。

当前我国能源行业正处于百年未有之大变局，面临经济转型、能源革命、大气污染治理与应对气候变化等重大战略问题，煤炭生产、消费及利用带来的生态破坏、环境污染等问题日益突出，煤基能源产业的低碳转型将是能源领域的重大议题。接下来，分别就煤炭、煤电、煤化工、工业用煤、散煤五个煤炭消费主体的发展现状及相关政策进行分析。

1.1　煤炭产业发展现状

1.1.1　煤炭产业开发现状

（1）煤炭储量及分布情况　我国是煤炭资源大国，但是资源分布极不平衡，具体呈现出"北多南少，西多东少"的格局。根据自然资源部的相关数据，中国的煤炭查明资源储量约为1.7万亿吨，其中超过90%的煤炭资源分布在昆仑山—秦岭—大别山一线以北的地区。煤炭资源分布与消费区逆向分布导致了我国西煤东运、北煤南调的客观现实。

（2）煤炭生产及消费情况　我国的煤炭产量和消费量在世界各国中均居于首位，具体来看，2020年我国原煤产量达到39亿吨，煤炭消费总量共计28.3亿吨标准煤，分别占中国一次能源生产和消费总量的69.3%和56.8%。随着我国当前工业化、城镇化的不断发展，能源需求总量仍会持续增长。我国的煤炭储量较为丰富，共占我国化石能源储量的90%以上，是经济且自主保障程度最高的能源。

① 从供给侧看，我国煤炭产量地区分布广泛但不均匀　以山西为中心，包括河北、河南、陕西、宁夏和内蒙古西部的煤炭区是中国最大的能源基地，已探明煤炭储量占全国的70%以上。山西拥有中国最大的煤炭储量。2020年内蒙古原煤产量达到10.1亿吨，占到全国总产量的25.9%，主要的用途为供华北及东北两大电网发电。河南的煤炭资源储量大，同时其煤炭开采条件优越且品种齐全，煤炭产量位居全国前列。陕西盛产低灰低硫低磷的

优质煤,是国家煤炭出口的核心区域。河北的优质炼焦煤灰分少且发热量高,常被用于化工、冶金行业以及动力用煤。以黑龙江为首的东北煤炭区则包括吉林、黑龙江、辽宁及内蒙古东部地区,煤炭生产多供应区内重工业需求。在东北煤炭区内,抚顺蕴藏大量可露天开采的动力煤及配焦煤,而阜新煤矿以长焰煤为主,并配有大型火电站。华东煤炭区以兖徐和两淮为主,包含皖北、苏北和鲁西南煤田。而以贵州为中心的西南煤炭区是中国的南方煤海,已建成的大中型煤矿包括六枝、水城、盘江、芙蓉等。

② 近年来"去产能"政策的有力实施使得煤炭生产结构持续优化 截至2020年底,全国累计退出煤炭落后产能达到10亿吨/年以上,煤矿数量减少至5500处左右,平均每座煤矿产能提升至110万吨/年。大型现代化煤矿已经成为中国煤炭生产的主力。2020年煤炭企业控股参股的电厂权益装机容量提升至3.3亿千瓦,占全国总燃煤电力装机的26.5%。煤炭从单一的燃料向原料和燃料并举进一步转变,煤制油、煤制气、煤制乙二醇、煤制烯烃的产能连年提升。此外,煤炭行业集中度也持续提高。据国家统计局数据显示,2020年我国前8家煤炭企业产量18.55亿吨,占全国的47.6%,比2015年提高11.6%。其中,国家能源集团2020年的原煤产量占比12.49%,中煤股份原煤产量占比5.23%。煤炭行业是具有垄断优势的产业,较低的产业集中化不利于形成规模化的经济效应,可能会引发过度竞争。近年来,煤炭国有资本布局的优化和结构调整有重大变化。随着经济发展模式及能源结构的转变,煤炭行业兼并重组和资源整合的步伐加快。煤炭行业的集中度不断爬升以及"关小建大、兼并重组、资源整合"的煤炭产业政策实施,中国大中型煤炭企业的市场占有率在"十四五"期间将会进一步提升。

③ 从需求侧看,电力、钢铁、化工、建材四大行业是我国煤炭消费的主要组成部分 在2019年的煤炭消费构成中,电力用煤占55.5%,钢铁用煤占17.1%,建材用煤占10.2%,化工用煤占8.6%,其他用煤占8.6%,四大行业煤炭消费共占总量的91.4%。钢铁行业(黑色金属冶炼和压延加工业)和建材工业(非金属矿物制品业)是工业终端中煤炭消费最为集中的两个行业。用于钢铁冶金的煤炭主要是焦炭和用作辅助燃烧的喷吹用煤,给冶炼过程提供还原剂和高温。在氢气还原等新技术取得突破实现大规模应用前,钢

铁冶金用煤短期难以被非化石燃料所替代。

（3）**煤炭产业开发现状**　目前，我国煤炭开采大多采用瓦斯抽放技术，该技术将大幅度减少通风负担以及降低瓦斯浓度。此外，新技术的运用提升了煤矿周边环境保护水平：保水开采技术能够降低开采对于地下水的影响，并同时保证地下水位不会大幅度升降；煤矿填充开采则有助于高效处理固体废弃物和减少地表塌陷；煤矿和瓦斯共采技术能有效降低瓦斯安全隐患。

（4）**煤炭价格变化**　煤炭价格方面，秦皇岛港 5500 千卡（1 千卡 ≈ 4.186 千焦）动力煤价格是业界最具影响力的市场煤价风向标。2020 年秦皇岛港 5500 千卡动力煤中长期合同价格（5500 千卡下水煤）稳定在绿色区间之内，全年平均价格为 543 元/吨，同比下降 12 元/吨；年内的最高价格和最低价格分别为 585 元/吨和 526 元/吨，波动幅度在 59 元/吨。进入 2020 年第一季度，煤炭价格有小幅度的反弹，但受新冠疫情影响，煤炭价格重回低价，并创 3 年以来的新低。2020 年 5 月以来，煤炭价格整体呈现上涨的趋势。截至 2020 年 12 月中旬，鄂尔多斯 5500 千卡动力煤坑口含税价达到 460 元/吨，而环渤海 5500 千卡市场煤价格逼近 800 元/吨。

（5）**煤炭企业经营情况**　根据 2020 年的《煤炭企业半年报》，25 家上市煤炭企业的业绩整体下滑，总体营收和净利润分别为 4712 亿元和 423 亿元，同比下降了 3% 和 21%。从 25 家煤炭企业的总市值看，国家能源集团仍旧是煤炭行业的龙头。全链条经营的国家能源集团比其他单一业务的煤企拥有更高的自由度和应对突发状况的能力。在 25 家上市煤企中，只有 5 家煤炭企业的净利润保持增长。煤炭企业亏损主要归结于煤价下行。环渤海动力煤价格在 2020 年的第二季度中一直保持在 530 元/吨的低位附近。由于新冠疫情的影响，煤化工产品和煤炭的市场价格下行对于煤炭的上游和下游产业均造成冲击。

1.1.2　煤炭产业发展变化趋势

我国煤炭产业已进入高产高效的高质量发展阶段，安全生产水平得到长足提高。煤炭清洁高效开采技术已在国际上处于领先地位，对于中国发挥煤炭资源禀赋优势和保障能源安全有重大意义。特大型高产高效矿井，在目前的煤炭生产结构中占据了相当大的比例，煤炭生产开采更加集约化和规模化。矿山无人开采、煤炭高端智能化开采技术装备、煤炭智慧物流等煤炭智能应用是我国煤炭高质量发展的方向。

（1）煤炭开采突破科技瓶颈，智能化、机械化全面推广　我国采用伺服控制和惯性技术研发了综采工作调直系统，解决了采矿综采工作面调直等"卡脖子"的关键问题，促进煤炭行业的智能化发展。此外，我国在智能化采煤技术、多维临场遥感操作机器人、矿用救援车、薄煤层防爆指挥车方面也接连实现突破。2020年中国采煤机械化程度达到约85%，掘进机械化程度达到65%，煤矿现场已经拥有钻锚、巡检、采煤等19种机器人落地工作。2015年时我国煤矿只有3个智能化采掘工作面，而2020年则增长至494个。

（2）煤炭开发布局持续优化，优质产能逐步释放　煤炭生产重心向资源禀赋好以及开采条件优越的地区集中。截至2020年底，年产能大于120万吨的大型现代化煤矿达到1200座，千万级煤矿的数量增加至65座。随着煤炭供给侧结构性改革的持续，煤炭优质产能不断释放。根据国家统计局的数据，2020年全国原煤产量达到39亿吨，同比增长1.4%。

（3）行业兼并重组进度加快，产业集中度进一步提高　2017年神华集团和国电集团合并重组成为国家能源集团，2020年原山东能源集团和原兖矿集团联合重组为山东能源集团。此外，2020年同煤集团、晋能集团及晋煤集团联合重组，同步整合了潞安集团、华阳新材料相关资产和改革后的中国（太原）煤炭交易中心，形成晋能控股集团。煤炭产业集中度提高将优化煤企的产业结构，有利于基于原煤加工和生产的横向一体化发展及基于产业链的纵向一体化延伸。

1.1.3　煤炭产业相关政策分析

2020年，煤炭行业发展的主旋律是提升煤炭使用质量。主要的措施则是通过国家有关部门出台煤炭去产能政策，巩固去产能成果，进一步提升煤炭供给体系质量。此外，煤矿安全问题也被多次提及，政策目标主要是提升煤矿智能化的科学发展和无人化的管理模式。在煤炭工业"十四五"规划意见中，强调持续深化供给侧改革，推动煤炭工业集约、高效、绿色发展。总体来看，供给侧改革深化将进一步推动煤炭供给新格局的构建，行业将逐渐步入高质量发展阶段。

结合2019年应急管理部和国家能源局针对全国两会提案的答复情况和2019～2020年度煤炭产业相关政府政策（表1-1、表1-2），可看出煤炭行业政策制定集中在煤炭产业智能化、煤炭开采安全性、煤炭去产能、煤电联营及煤炭深加工行业发展路径等方面。

（1）**煤矿智能化发展是大势所趋**　煤矿智能化不仅提高了煤炭开采效率，同时也为提升煤矿的安全性和减轻煤炭行业各环节环境污染提供基础保障。煤炭行业全链条在未来实现智能化，是清洁低碳的能源体系和安全生产约束下的大势所趋。未来，新建矿山应遵循智能矿山的开发标准，同时已建成矿山也需从规模大小依次进行智能化改造，相关企业应提前为智能化转型做好准备。此外，煤炭行业全面的智能化重点研发方向包括掘进、采煤、运输、安控和救援五个大类，这对煤炭高质量人才队伍建设提出了新的要求。国家应对煤炭行业相关人才，尤其是紧缺的工程型人才进行系统性的培养。

表1-1　2019～2020年中国煤炭智能化政策梳理

时间	提案答复/政策发布
2019年1月2日	《煤矿机器人重点研发目录》
2019年7月12日	《关于加大煤炭安全智能精准开采支持力度的建议》答复
2019年7月17日	《关于将煤炭产业安全高效智能化发展纳入国家能源发展战略的建议》答复
2019年8月16日	《关于加大智能化矿山建设支持力度的提案》答复
2020年2月25日	《关于加快煤矿智能化发展的指导意见》

（2）**落实煤矿安全、杜绝煤矿重大事故发生是重要准则**　国务院安全生产委员会在《全国安全生产专项整治三年行动计划》中明确提出将在未来三年内重点监督并整治事故多发的煤矿。在智能化煤矿技术的支撑下，煤矿开采将逐渐转化为少人化和利用远程监控保证煤矿安全。此外，明确事故责任归属和重特大事故防控考核实行"一票否决"制度将使得各地区负责人更加

关注生产过程安全与防护工作。根据《煤矿安全生产标准化管理体系考核定级办法（试行）》，煤矿安全生产标准化管理体系等级分为一级、二级、三级3个等级。国家矿山安监局通过"有进有出"动态管理，对煤炭行业可以起到正面激励和引导作用，进一步增强煤矿企业加强安全生产标准管理体系建设的动力，加快煤矿安全治理体系和治理能力现代化建设进程。《煤矿工伤和非伤亡事故报告和调查处理办法（试行）》旨在进一步规范煤矿工伤事故、非伤亡事故报告和调查处理工作。

表1-2　2019～2021年中国煤炭行业安全生产相关政策梳理

时间	提案答复/政策发布
2019年4月29日	《关于加强煤矿冲击地压源头治理的通知》
2019年5月13日	《关于加强煤矿冲击地压防治工作的通知》
2019年7月6日	《关于煤矿企业安全生产主体责任监管监察的指导意见》
2019年7月16日	《防治煤与瓦斯突出细则》
2019年7月17日	《关于将煤炭产业安全高效智能化发展纳入国家能源发展战略的建议》答复
2019年8月16日	《关于加大智能化矿山建设支持力度的提案》答复
2019年9月2日	《关于促进煤炭行业平稳运行健康发展的提案》答复
2019年12月13日	《关于对安全生产责任不落实、发生生产安全事故、安全生产考核不合格的严格实行'安全生产一票否决'的建议》答复
2020年5月11日	《煤矿安全生产标准化管理体系考核定级办法（试行）》
2021年1月18日	《煤矿工伤和非伤亡事故报告和调查处理办法（试行）》

（3）去产能工作转向结构性去产能、系统性优产能的新阶段　如表1-3所示，自2016年以来，煤炭产业去产能的工作效果明显，提前两年完成"十三五"计划中去产能的目标。国家发展和改革委员会（以下或简称国家发改委）等部门联合印发的《关于做好2019年重点领域化解过剩产能工作的通知》中要求坚持煤炭上大压小、增优减劣，着力提升煤炭供给侧质量，淘汰没有运营潜力和连年亏损的"僵尸企业"、关停环境规制下不达标的落后煤电机组。2020年是煤炭"十三五"供给侧改革的收官之年，也是检验去产能

政策效果重要的年份。在结构性优化现存煤矿的同时,提高煤炭市场准入门槛也十分关键。2018年12月,国家发改委、商务部联合印发《市场准入负面清单》,规定低于30万吨/年的煤矿将被禁止新建。总量控制方面,2021年3月12日,十三届全国人大四次会议通过的《中华人民共和国国民经济和社会发展第十四个五年规划和2035年远景目标纲要》发布。纲要就能源消费指出:"十四五"时期,通过加大国内油气勘探开发力度、发展风光水核等非化石能源、促进煤炭向先进产能集中等措施,预计2025年国内原煤产量约为42亿吨、石油2亿吨、天然气2300亿立方米、非化石能源11亿吨标准煤,折算后国内能源产量可达47亿吨标准煤。按照坚决守住底线并引导节能降耗的原则,将2025年能源综合生产能力目标值设定为不低于46亿吨标准煤。

表1-3　2019～2020年中国煤炭去产能相关政策

时间	提案答复
2019年5月9日	《关于做好2019年重点领域化解过剩产能工作的通知》
2019年7月17日	《关于进一步加大煤电联营政策支持的建议》答复
2019年8月27日	《关于煤化工原料用煤不计入煤炭消费总量控制和企业生产能耗提案》
2019年8月28日	《30万吨/年以下煤矿分类处置工作方案》
2019年11月22日	《市场准入负面清单》

(4)切实有效解决煤炭资源开发带来的生态破坏和环境污染问题　中央环保督察指出了矿区开采破坏当地生态、影响水源保护等问题的存在,在规划环评中存在"未评先批""评而不用"和政策尺度不一的问题。因此,《关于进一步加强煤炭资源开发环境影响评价管理的通知》中明确规定了包括规划、优化项目、统筹解决行业冲突以及依法加强规划监督等方面的内容。同时,如表1-4所示,清洁高效的煤炭发展是未来碳中和的大框架下煤炭重要的发展方向。《关于进一步做好煤炭清洁高效利用的提案》提出在国家层面将煤炭高效清洁开发利用置于和新能源发展同等重要的地位,完善煤炭清洁高效利用的决策支持和监督管理体系以及增加对煤炭清洁利用

科技创新的资金支持。《关于新时代推动中部地区高质量发展的意见》就生态环境保护提出：加快实施矿山修复重点工程、尾矿库污染治理工程，推动矿业绿色发展。《关于开展大宗固体废弃物综合利用示范的通知》旨在进一步提升大宗固体废弃物综合利用水平，推动资源综合利用产业节能降碳，助力实现碳达峰碳中和。煤炭行业生产中工业固体废弃物包括煤矸石、粉煤灰等。

表1-4　2019~2021年中国煤炭行业环境政策及资源开发政策梳理

时间	提案答复/政策发布
2019年8月27日	《关于煤化工原料用煤不计入煤炭消费总量控制和企业生产能耗提案》
2019年9月2日	《关于进一步做好煤炭清洁高效利用的提案》答复
2020年12月3日	《关于进一步加强煤炭资源开发环境影响评价管理的通知》
2021年4月23日	《关于新时代推动中部地区高质量发展的意见》
2021年5月30日	《关于开展大宗固体废弃物综合利用示范的通知》

（5）建立和完善功能齐全、竞争有序的煤炭市场体系　为深入贯彻习近平关于"四个革命、一个合作"能源安全新战略，保证煤炭产业高质量发展，国家发改委提出《中华人民共和国煤炭法（修订草案）》（征求意见稿）。在本次修订草案中，提出煤炭价格机制条款和建立煤炭市场等意见。同时，《中华人民共和国资源税法》于2020年9月1日正式实施（表1-5）。相比原有的资源税暂行条例，资源税法对于不同的税目税率进行了统一规范，以便利和简化纳税的申报过程，并且明确规定了减免税政策。对于煤炭而言，因安全生产需要抽采煤层气可以免征资源税。而对于处于衰竭期的矿山以及因自然灾害或意外事故遭受重大损失的煤矿进行减免资源税。

表1-5　2019~2020年中国煤炭税费相关政策梳理

时间	提案答复/政策发布
2019年8月26日	《中华人民共和国资源税法》
2020年7月30日	《中华人民共和国煤炭法（修订草案）》（征求意见稿）

1.2 煤电产业发展现状

我国煤电产业发展总体呈现"存量大、机组新、效率高"的特征。中国电力企业联合会（中电联）发布的《中国电力行业年度发展报告2021》显示，截至2020年底，中国煤电装机约10.8亿千瓦，占中国发电装机总量的49%。其中达到超低排放限值的煤电机组约9.5亿千瓦，占煤电总装机容量88%。煤电发电量约4.6万亿千瓦·时，占中国总发电量的60.7%。同时，我国还拥有着全世界最先进的煤电机组，机组整体服役时间较短，平均服役年限仅为12年。其中高效大功率的超临界、超超临界燃煤机组占总煤电装机的55%。资源消耗和综合利用方面，2020年全国6000千瓦及以上火电厂供电标准煤耗304.9克标准煤/（千瓦·时），达到世界领先水平；污染物控制方面，2020年全国单位火电发电量烟尘排放约0.032克/（千瓦·时）、二氧化硫排放为0.160克/（千瓦·时）、氮氧化物排放为0.179克/（千瓦·时），位居世界先进水平。二氧化碳减排方面，2019年，全国单位火电发电量二氧化碳排放约832克/（千瓦·时），比上年下降6克/（千瓦·时），低碳发电技术水平逐年提高。

在煤炭长期作为主体能源的背景下，燃煤发电作为煤炭利用的主要方式，每年消耗约一半左右的煤炭，形成以燃煤发电为主导的电力生产格局。受电力和热力需求快速增长的推动，中国煤电装机容量从2000年的2.22亿千瓦增加到2020年的10.8亿千瓦。自2017年以来，中国每年新增煤电装机容量约为3000万千瓦，2020年新增燃煤发电装机容量为4030万千瓦，主要是超临界和超超临界电厂。2020年由于新冠疫情给经济带来了较大的负面冲击，国家能源局放宽了审批新建燃煤电厂的限制，燃煤发电项目也被列入刺激经济复苏的大规模投资计划当中。

1.2.1 煤电产业发展现状及趋势

在装机容量方面，装机增速总体呈现下降态势。 根据中国电力企业联合会统计数据，2020年全国新增煤电发电装机容量3849万千瓦，同比增长

3.7%。从图 1-2 中可以看出，2011～2019 年期间，煤电装机同比增长率除了 2014 年和 2015 年有所反弹，其余时间增速放缓趋势明显。2020 年又有所反弹，但随着新能源装机比重的增加，2020 年煤电装机比重首次降低至 50% 以下。

图 1-2　2011～2020 年煤电发电装机容量及增速

数据来源：CEIC 中国经济数据库

在发电量方面，随着持续为可再生电力"让路"，煤电发电量与发电小时数呈逐渐下降趋势。 2020 年煤电发电量为 46296 亿千瓦·时，同比增长约 1.7%。煤电发电量在总发电量中的占比为 60.7%，相比 2019 年有所下降，但在发电结构中依旧占据主体地位。在发电运行小时数方面，受清洁能源优先上网挤压，以及火电装机产能局部过剩的影响，我国煤电年利用小时数呈波动下降趋势。根据国家能源局统计数据，2020 年煤电发电设备利用小时数为 4290 小时，较上年减少约 86 小时。

在发电效率方面，随着高效超临界和超超临界机组投产比例增加和相关技术进步，煤电发电效率持续提升。 根据 Endcoal 全球燃煤电厂追踪系统的调查统计，截至 2020 年 6 月，中国正在运行的亚临界机组装机容量 46957 万千瓦，超临界机组装机容量 27979 万千瓦，超超临界机组装机容量 25144 万千瓦，在总装机容量中的占比分别为 47%、28%、25%。拥有较高热效率的超临界和超超临界机组装机容量在煤电发电装机容量中的占比已超过 50%。在平均供电煤耗方面，2020 年全国 6000 千瓦及以上火电厂供电标准煤耗相比 2019 年降低了 1.5 克/（千瓦·时），达到 304.9 克/（千瓦·时）。供电煤耗的降低有效缓解了我国电力行业二氧化碳排放的增长趋势，2019 年全国单位火电发电量二氧化碳排放约 832 克/（千瓦·时），同比下降 6 克/（千瓦·时）。根据中电联测算，2006～2020 年，中国电力行业二氧化碳减排有 36% 是通过供电煤耗降低实现的。

在污染排放治理方面，一系列环境保护法律法规的实施使得煤电企业污染排放治理取得一定成效。2020 年底我国达到超低排放限值的煤电机组装机容量约占全国煤电总装机容量的 88%，约为 9.5 亿千瓦。根据中电联统计数据，2020 年全国单位火电发电量烟尘排放量约 0.032 克/（千瓦·时），二氧化硫排放量约 0.160 克/（千瓦·时），氮氧化物排放量约 0.179 克/（千瓦·时），同比分别下降 0.006 克/（千瓦·时）、0.027 克/（千瓦·时）、0.016 克/（千瓦·时）。

在电力投资方面，尽管近年来我国煤电发电装机容量依旧保持增长，但自 2015 年来我国煤电建设投资已出现持续减少趋势。 图 1-3 展示了 2011～2020 年煤电建设投资额及增速情况。从图中可以看出，自 2011 年以来，除 2012～2014 年、2018～2019 年间投资额出现上涨，其余时间段煤电建设投资额总体为下降趋势。电源工程投资规模持续缩减，电网基建成为

图 1-3　2011～2020 年煤电建设投资额及增速

数据来源：CEIC 中国经济数据库，煤电建设投资额采用火电建设投资额乘以煤电装机比重估算

了电力投资重点。根据国家统计局数据，2020年全国规模以上电力企业资产总额165813亿元，同比增长5.8%。其中，发电企业资产总额94724亿元，比上年增长4.2%；电力供应企业资产总额71089亿元，比上年增长7.9%。

1.2.2 煤电企业经营情况

发电量增长带动企业总体营收有所改善。煤电企业与火电企业的经营效益密切正相关，通过分析沪深A股火电板块的相关财务指标可以了解煤电企业经营情况。2019年火电行业整体净资产收益率同比提升0.5%，达到4.9%。火电板块营业总收入8644亿元，同比增长8.0%。火电板块归母净利润同比增长25.5%，达到317亿元，这主要是由于燃料成本下降带动毛利率提升。自2017年以来火电行业整体毛利率持续改善，2019年行业整体毛利率为15.4%，同比提升2.3%，行业整体净利率5.1%，同比提升1.2%。在债务方面，受2020年火电行业累计装机增速较低影响，火电行业总体债务规模稳中有降，资本支出增速保持在相对低位。受新冠疫情影响，火电企业盈利下降，偿债能力出现一定程度下降。2019年发电企业负债总额比上年下降0.5%，其中火电企业负债总额同比下降3.8%。

目前煤电行业产能过剩问题仍未完全解决，行业景气度依然处于周期底部。煤电行业属于强周期性行业，受宏观经济周期波动影响较大。影响煤电企业经营情况的三个核心要素分别是电价、利用小时数和煤价。煤电企业的营业收入主要受利用小时数以及电价的影响，其中利用小时数主要受到下游电力需求直接影响。而煤电价格方面，尽管2020年现行电价机制实现了从标杆上网电价机制转变为"基准价+上下浮动"的市场化定价机制，但政府出于让利实体以缓解疫情负面影响的考虑，依旧实行电价暂不上浮的政策，因此短期来看电力价格难以出现明显上涨。在电力需求侧，新冠疫情对第二产业和第三产业用电均产生较为严重的负面影响。虽然疫情防控措施增加了民众居家活动的时间，一定程度上增加了城乡居民生活用电，但由于城乡居民生活用电在全国总用电结构中所占比例较小，难以弥补第二产业和第三产业用电量下滑的部分。因此在用电需求端，全社会用电量出现明显下滑。需求端的萎靡也使得煤电企业发电量不断下降，预计煤电利用小时数可能继续保持下滑。

在成本端，上游煤炭价格则是影响煤电企业经营成本的主要因素。在电力价格难以出现明显上涨的情况下，煤电企业度电边际利润将主要由电煤价格决定。而受疫情影响，电煤价格也存在进一步下调的空间，一定程度弥补需求下降带来的损失。总体来看，煤电行业总体营业利润可能出现下降，行业盈利能力预计出现小幅减弱，煤电行业目前仍然处于周期底部。

根据已披露的火电上市公司 2020 年半年报，上半年火电企业营业收入普遍降低，其中华能国际和华电国际两家龙头火电企业收入同比分别下降 5.37%、4.72%。与此同时，受疫情影响，动力煤价格跌幅一度超过 20%。而由于火电成本中 70% 来自燃料成本，动力煤价格的大幅下挫反而对冲了电力需求萎靡带来的负面影响，带动了火电企业盈利的快速回升。根据相关资料，华能国际和华电国际净利润分别得到可观改善，同比增长 58.1% 和 47.23%。

1.2.3 煤电产业相关政策分析

（1）电力交易市场化持续推进 2015 年 3 月，中共中央、国务院发布《关于进一步深化电力体制改革的若干意见》，其中明确指出要加快构建有效竞争市场结构和市场体系，引导市场主体开展多方电力直接交易，推进形成市场决定的电力价格定价机制。2017 年 3 月，国家发改委、国家能源局印发《关于有序放开发用电计划的通知》，通知主要内容包括要加快推进组织电力市场主体签订发购电协议合同；对中发〔2015〕9 号文颁布实施后核准的煤电机组投产后一律纳入市场化交易，价格由市场形成；规范和完善市场化交易电量价格调整机制等。2018 年 7 月，国家发改委、国家能源局发布《关于积极推进电力市场化交易进一步完善交易机制的通知》，通知要求推进各类发电企业进入市场，有序开放水电风电等市场化交易。2019 年 6 月，国家发改委发布《关于全面放开经营性电力用户发用电计划的通知》，通知明确指出要统筹推进全面放开经营性电力用户的发用电计划，支持中小用户参与市场化电力交易，在保障公益性用电供应的同时，做好全面放开经营性发用电计划后的价格形成机制的建立健全工作。

不断提高市场化电力交易量占比，形成电力定价机制市场化是电价改革的主要目标。随着电力市场化改革持续深入，50%的煤电交易已实现市场化交易。在这一背景下，形成于2004年的标杆电价机制由于不能有效反映实际电力市场供需关系的变化，已经无法适应当下电力市场化改革的需求。2019年10月，国家发改委发布《关于深化燃煤发电上网电价形成机制改革的指导意见》，提出进一步深化燃煤发电上网电价机制改革方案，即采用"基准价＋上下浮动"的市场化价格机制替代燃煤发电标杆上网电价机制。该文件的发布正式宣告标杆电价机制成为历史。意见还对煤电上网电价改革机制做出进一步说明，基准价根据当地现行燃煤发电标杆上网电价确定，并设置浮动幅度为上浮不超过10%、下浮原则上不超过15%。为确保工商业平均电价只降不升，对于实施"基准价＋上下浮动"价格机制的省份2020年电价暂不上浮。国家发改委可基于市场发展情况，适时调整基准价、浮动幅度范围和浮动方式。"基准价＋上下浮动"的市场化定价机制，能够缓解"计划电＋市场煤"的局面，减轻煤电企业在价格传导机制不通的情况下产生的经营负担，缓解煤电企业面临的经营困境，并在一定程度上稳定煤电企业现金流和业绩，推动煤电行业长期健康发展。电力市场化改革相关政策文件见表1-6。

表1-6　电力市场化改革相关政策文件

时间	政策文件	颁布单位	主要内容
2015年3月	《关于进一步深化电力体制改革的若干意见》	中共中央、国务院	加快构建有效竞争市场结构和市场体系；引导市场主体开展多方电力直接交易；推进形成市场决定的电力价格定价机制等
2017年3月	《关于有序放开发用电计划的通知》	国家发改委、国家能源局	加快推进组织电力市场主体签订发购电协议合同；对中发〔2015〕9号文颁布实施后核准的煤电机组投产后一律纳入市场化交易，价格由市场形成；规范和完善市场化交易电量价格调整机制

续表

时间	政策文件	颁布单位	主要内容
2018年7月	《关于积极推进电力市场化交易进一步完善交易机制的通知》	国家发改委、国家能源局	提高市场化交易电量规模，总结市场化交易经验，统筹用电侧开放节奏，取消市场主体参与跨区域市场化交易限制；推进各类发电企业市场准入，有序开放水电风电等市场化交易；对符合条件的用户放宽市场准入限制；积极培育售电市场主体，规范市场主体交易行为；推进市场化电力定价机制形成等
2019年6月	《关于全面放开经营性电力用户发用电计划的通知》	国家发改委	统筹推进全面放开经营性电力用户的发用电计划；支持中小用户参与市场化电力交易；在保障公益性用电供应的同时，做好全面放开经营性发用电计划后的价格形成机制的建立健全工作等
2019年10月	《关于深化燃煤发电上网电价形成机制改革的指导意见》	国家发改委	采用"基准价+上下浮动"的市场化价格机制替代燃煤发电标杆上网电价机制；基准价按当地现行燃煤发电标杆上网电价确定，浮动幅度范围为上浮不超过10%、下浮原则上不超过15%；对于实施"基准价+上下浮动"价格机制的省份2020年电价暂不上浮；国家发改委可根据市场发展情况，适时对基准价、浮动幅度范围和浮动方式调整

（2）**严控新装机、整治自备电厂，化解产能过剩风险**　通过政策发力严控煤电新装机容量，近年来煤电装机容量增速持续走低（表1-7）。煤电产能过剩起因是2015年国家发改委将煤电建设审批权下放，之后全国核准的煤电装机容量接近1.5亿千瓦，达到历史高峰。剧增的煤电装机容量带来的是较为严重的煤电产能过剩风险。截至2016年底，全国企业自备电厂装机容量超过1.42亿千瓦，比2015年增长16%，占全国电力总装机的8.6%。从自备电厂的类型来看，自备煤电机组装机容量占全部自备机组装机总容量的81%，约为1.15亿千瓦；从自备电厂的区域分布来看，新疆与山东两地自备

电厂规模较大，集中在电解铝、石化、钢铁等行业，约为6000万千瓦。

2016年起，中央政府开始着手推进供给侧结构性改革，防范和化解煤电产能过剩风险，加大煤电落后产能淘汰力度。中央有关部委相继出台煤电管控政策，对煤电装机总量进行严格控制。2017年8月，国家发改委联合工业和信息化部（以下或简称工信部）、财政部等16个部门印发《关于推进供给侧结构性改革防范化解煤电产能过剩风险的意见》，意见指出要通过从严淘汰落后产能，清理整顿违规项目，严控新增产能，加快机组改造，规范自备电厂等方面入手，到2020年将全国煤电装机规模控制在11亿千瓦以内。2018年3月，国家发改委下发了《燃煤自备电厂规范建设和运行专项治理方案（征求意见稿）》，该方案要求，对于违规核准、未核先建、批建不符、违规在建的燃煤自备电厂，以及中发〔2015〕9号文颁布实施后未获批准或未列入规划的燃煤自备电厂一律停止建设运行。同时对于自备燃煤电厂欠缴的依法合规设立的政府性基金及附加和系统备用费，方案要求企业限期补缴。坚持淘汰落后燃煤自备电厂产能，严格限期执行完成环保改造，并要承担电网调峰和清洁能源消纳责任。

表1-7 化解煤电产能过剩风险相关政策文件

时间	政策文件	颁布单位	主要内容
2017年8月	《关于推进供给侧结构性改革防范化解煤电产能过剩风险的意见》	国家发改委、工信部、财政部等16个部门	从严淘汰落后产能，清理整顿违规项目，严控新增产能，加快机组改造，规范自备电厂等；到2020年将全国煤电装机规模控制在11亿千瓦以内
2018年3月	《燃煤自备电厂规范建设和运行专项治理方案（征求意见稿）》	国家发改委	对于违规核准、未核先建、批建不符、违规在建的燃煤自备电厂，以及中发〔2015〕9号文颁布实施后未获批准或未列入规划的燃煤自备电厂一律停止建设运行；对于自备燃煤电厂欠缴的依法合规设立的政府性基金及附加和系统备用费，方案要求企业限期补缴；坚持淘汰落后燃煤自备电厂产能，严格限期执行完成环保改造，并要承担电网调峰和清洁能源消纳责任

（3）持续淘汰落后产能，推进煤电资源区域整合，提升煤电长期发展质量 煤电行业落后产能淘汰政策密集发布，落后产能淘汰工作持续推进（表1-8）。2014年6月，国务院办公厅印发《关于印发能源发展战略行动计划（2014—2020年）的通知》，通知指出要按照安全、绿色、集约、高效的原则，促进煤电清洁高效开发利用。推进煤炭基地建设也是通知的重点内容之一，将对晋北、晋中、晋东、神东和陕北等14个亿吨级大型煤炭基地进行重点建设，目标是到2020年重点煤炭基地产量占全国的95%。煤炭基地建设将进一步加快部署大功率、先进煤电机组，提高电力供应结构的安全性、稳定性、经济性。

2014年9月，国家发改委、环保部、国家能源局联合印发了《煤电节能减排升级与改造行动计划（2014—2020年）》，提出为进一步提升煤炭清洁高效发展水平，国家将持续提高发电用煤比重，到2020年提高电煤在煤炭消费总量的占比达到60%，减少分散燃烧，有效控制燃煤造成的污染物排放，实现燃煤方式和技术水平的现代化。在装机规模上提高了煤电准入门槛，新建机组原则上采用60万千瓦及以上超超临界机组，我国煤电格局中能效更高的大功率超临界和超超临界机组比重将大幅提升。

2020年6月，国家发改委印发《关于做好2020年重点领域化解过剩产能工作的通知》，通知指出对于煤电行业化解产能过剩的重点在于优化升级，淘汰落后煤电机组，清理整顿违规建设的煤电项目。通知还对实施煤电规划建设风险预警体系的建设提出了具体要求，以实现煤电项目规划建设按需有序，并在2020年底将全国煤电装机规模控制在11亿千瓦以内。2020年7月，国家能源局发布《关于下达2020年煤电行业淘汰落后产能目标任务的通知》，通知明确了2020年淘汰落后产能的目标，计划淘汰落后产能装机容量共计733.35万千瓦。河南计划淘汰装机容量排名第一，计划淘汰装机容量为206万千瓦，占总量的28.09%。浙江和江苏分列第二位和第三位，计划淘汰装机容量为83.1万千瓦和74.65万千瓦。通知还给出拆除时限，对于列入2020年度煤电行业落后产能淘汰任务中的煤电机组，除确定为煤电应急备用电源的机组外，须在2020年12月底前完成拆除工作。此外，对检查验收程序进一步完善，推动"僵尸机组"尽快完成淘汰关停工作。相关政策文件的落地，对煤电行业落后产能的淘汰给出了明确的时间点。

在煤电资源区域整合方面，2019年12月，国务院国有资产监督管理委员会印发《中央企业煤电资源区域整合试点方案》，主要内容包括将甘肃、陕西、新疆、青海、宁夏5个煤电产能过剩、煤电企业经营状况堪忧的区域作为第一批整合试点地区，由中国华能牵头甘肃、中国大唐牵头陕西、中国华电牵头新疆、国家电投牵头青海、国家能源集团牵头宁夏，开展区域煤电资源整合。该方案有望扭转火电产能过剩、地区发电企业持续亏损和国有资产流失情况，提升区域优质火电企业竞争能力和运营效率。

2021年2月2日，国务院印发《关于加快建立健全绿色低碳循环发展经济体系的指导意见》，就推动能源体系绿色低碳转型提出新要求：促进燃煤清洁高效开发转化利用，继续提升大容量、高参数、低污染煤电机组占煤电装机比例。

双控政策方面，2021年9月16日，国家发改委发布《完善能源消费强度和总量双控制度方案》。该方案明确了能耗双控制度的总体安排、工作原则和任务举措，将进一步促进各地区各部门深入推进节能降耗工作，推动高质量发展和助力实现碳达峰、碳中和目标。对标《中华人民共和国国民经济和社会发展第十四个五年规划和2035年远景目标纲要》，结合2030年前碳达峰目标，该方案分三个阶段提出了目标要求：第一阶段是到2025年，能耗双控制度更加健全，能源资源配置更加合理、利用效率大幅提高；第二阶段是到2030年，能耗双控制度进一步完善，能耗强度继续大幅下降，能源消费总量得到合理控制，能源结构更加优化；第三阶段是到2035年，能源资源优化配置、全面节约制度更加成熟和定型，有力支撑碳排放达峰后稳中有降目标实现。具体措施：国家重大项目实行能耗统筹；严格管控高耗能高排放项目；鼓励地方增加可再生能源消费；鼓励地方超额完成能耗强度降低目标；推行用能指标市场化交易。其中，高耗能、高排放项目即"两高"项目，按照生态环境部分类，"两高"项目的范围是煤电、石化、化工、钢铁、有色金属冶炼、建材六个行业类别。

表 1-8 淘汰落后产能推进煤电资源区域整合相关政策文件

时间	政策文件	颁布单位	主要内容
2014 年 6 月	《关于印发能源发展战略行动计划（2014—2020 年）的通知》	国务院办公厅	按照安全、绿色、集约、高效的原则，促进煤电清洁高效开发利用；推进煤基地建设，将对晋北、晋中、晋东、神东和陕北等 14 个亿吨级大型煤炭基地进行重点建设；到 2020 年重点煤基地产量占全国的 95%
2014 年 9 月	《煤电节能减排升级与改造行动计划（2014—2020 年）》	国家发改委、环保部、国家能源局	持续提高发电用煤比重，到 2020 年提高电煤在煤炭消费总量的占比达到 60%；减少分散燃烧，有效控制燃煤造成的污染物排放总量；提高煤电准入门槛，新建机组原则上采用 60 万千瓦及以上超超临界机组
2019 年 12 月	《中央企业煤电资源区域整合试点方案》	国务院国有资产监督管理委员会	由于煤电产能过剩、煤电企业经营状况堪忧，将在甘肃、陕西、新疆、青海、宁夏 5 个试点区域开展第一批试点，由中国华能、中国大唐、中国华电、国家电投、国家能源集团分别对应牵头甘肃、陕西、新疆、青海、宁夏，形成"一家央企一个省区"的格局，开展区域煤电资源整合
2020 年 6 月	《关于做好 2020 年重点领域化解过剩产能工作的通知》	国家发改委	淘汰落后煤电机组，清理整顿违规建设的煤电项目；对实施煤电规划建设风险预警体系的建设提出了具体要求，以实现煤电项目规划建设按需有序，并在 2020 年底将全国煤电装机规模控制在 11 亿千瓦以内
2020 年 7 月	《关于下达 2020 年煤电行业淘汰落后产能目标任务的通知》	国家能源局	明确 2020 年落后产能淘汰任务的目标，计划淘汰落后产能装机容量共计 733.35 万千瓦；明确拆除时限，规定在 2020 年 12 月底前，除作为煤电应急备用电源外的机组务必完成拆除工作；完善检查验收程序，推动"僵尸机组"尽快完成淘汰关停工作等

续表

时间	政策文件	颁布单位	主要内容
2021年2月	《关于加快建立健全绿色低碳循环发展经济体系的指导意见》	国务院	就促进经济社会发展全面绿色转型提出新要求：促进燃煤清洁高效开发转化利用，继续提升大容量、高参数、低污染煤电机组占煤电装机比例
2021年9月	《完善能源消费强度和总量双控制度方案》	国家发改委	明确了能耗双控制度的总体安排、工作原则和任务举措，将进一步促进各地区各部门深入推进节能降耗工作，推动高质量发展和助力实现碳达峰、碳中和目标

1.3 煤化工产业发展现状

煤化工产业分为传统煤化工和现代煤化工两个领域，传统煤化工总体产能过剩，未来发展受限。现代煤化工的主要产品如烯烃、天然气、乙二醇等均具有国内自给率低，严重依赖进口的特点。这为新型煤化工产业的发展提供了巨大的发展空间。在这一背景下，如何进一步推动现代煤化工发展对于促进煤基能源产业稳定发展和保障国家能源安全具有重要意义。因此，本节深入总结了当前中国现代煤化工产业发展的基本现状。

1.3.1 煤化工产业基本概况

煤化工是以煤为原料，经化学加工使煤转化为气体、液体和固体燃料以及下游衍生化学品的过程。煤化工产业的发展历史较为悠久，在中国工业化的进程中发挥了重要作用，因此成为了国民经济的支柱性行业。随着技术进步与工艺流程的优化，以煤炭为原料进行化学加工除了能够生产出传统的煤化工产品外，还生产出越来越多的新兴煤基燃料与化学品，由此形成了现代煤化工产业。总体上，传统煤化工以煤焦化与煤气化作为基本加工手段，来生产焦炭、电石、氨和甲醇等煤化工产品。现代煤化工则以煤炭的气化、液化技术为核心依托，生产煤制油、煤制气以及煤制化学品等，产业延伸长、技术更为复杂。当前，传统煤化工和现代煤化工在发展目的和方向上也具有本质上的区别。一方面，中国的传统煤化工产业规模巨大、技术水平优良，生产出的化工产品主要用于有效支撑经济社会的长远发展；另一方面，随着技术与设备的更新发展，现代煤化工产业必将逐步提升其经济性，通过工业途径生产出具有成本优势的石油与天然气产业替代品，有效地缓解中国能源供应与能源安全的压力。

如上文所述，传统煤化工主要通过煤焦化生产焦炭，再利用焦炭加工生产电石，通过煤气化生产氨与甲醇，因此，传统煤化工主要生产焦炭、氨、甲醇与电石四种产品。表1-9展示了四大传统煤化工产品的基本状况。可以看出，传统煤化工产业大多起步较早，其产品用途主要集中于为传统重化工业提供原材料，下游产品相对单一，工艺流程与生产技术水平相对较高。随着工业化进程的快速推进，传统煤化工产业与钢铁、水泥等重工行业类似，处于产能过剩状态。从2014年开始，焦炭、电石等产业的产能过剩状况逐渐受到国家层面的重视，成为国家去产能与调结构政策的重点推进方向。传统煤化工行业整体处于从"小而散"转向"大而统"的产能优化与升级转型机遇期，有效地降低了传统煤化工产业的基础投资费用，促进了劳动生产率与设备开工率的提高，同时突破了合成氨等产业在技术上的壁垒，极大降低了生产成本。但是就目前国内传统煤化工产品的供需结构来看，传统煤化工产业的产能过剩形势依旧严峻，如何有效实现落后产能的淘汰或升级仍旧是中国发展传统煤化工产业的核心使命。进一步对比传统煤化工产业主要产品产量及消费量情况可以发现，焦炭、氨、甲醇与电石四个子行业总体上都存在供大于求的现实桎梏。长期持续的供求不平衡不仅使压减产能始终作为了传统煤化工行业的重要任务，也引导了相关产品的价格中枢下移，使传统煤化工行业经营困难增加，从而逆向影响企业和行业转型发展。传统煤化工产业的未来发展主要取决于其产品的用途拓展性。焦炭行业的主要产品为用于钢铁冶炼等相关行业的焦炭，随着中国基础设施建设逐步饱和，焦炭行业在去产能的过程中更需要积极采取"走出去"策略，拓展外部需求，促进供需平衡；氨产业则集中度较低、布局分散，由于当前中国化肥的"肥力"仍然弱于国际领先水平，因此技术水平升级与产业集中化将是氨产业未来可持续发展的重要方向；相较于其他传统煤化工行业，甲醇的生产流程利用了煤气化技术，其产品用途除了农用医药等传统方向外还可以用于煤制烯烃等，这就极大地缓解了甲醇行业的产能压力，利用并发展已有的煤气化技术、发展延长制烯烃工业产业链、积极推动甲醇作为中间消费品是甲醇行业发展的新兴驱动力；电石行业的下游产品单一且与基础设施建设紧密相连，在环保约束逐渐增加的背景下，中国电石行业未来的主要发展方向将集中于去产能和提升环保水平两个方面。

表1-9 传统煤化工产品状况

项目	焦炭	氨	甲醇	电石
用途	钢铁冶炼	氨肥产品	农药、医药等化工品	生成乙炔气用于合成橡胶、人造树脂、PVC（聚氯乙烯）
特征	起步早、处于转型机遇期	集中度低、布局分散	煤气化工艺是关键技术	产业集中于中西部、下游产品单一
产能规模（2019年）	5.38亿吨	6689万吨	8992万吨	3680万吨
产量（2019年）	4.71亿吨	4735.0万吨	6622.59万吨	2582万吨
消费量（2019年）	4.72亿吨	1389.6万吨	6008.8万吨	2122.6万吨
发展方向	政策性去产能	加快技术赶超、产业优化升级	产业链延长（甲醇制烯烃、甲醇燃料）	去产能、提升环保技术水平

注：数据来源于中国煤炭市场网、氮肥工业协会、2020年石化产业发展大会、国家统计局等。

与传统煤化工产业相比，现代煤化工产业同样以煤炭为主要原料，但需要更丰足的资金、技术、人才资源。也正因如此，其工业增加值远高于传统煤化工产业。现代煤化工产业根据产品可以大体分为三类子产业，分别为煤基气体（煤制天然气）产业、煤基液体燃料（煤制石油）产业以及煤基化学品（煤制烯烃、煤制乙二醇等）产业。由于中国石油与天然气相对匮乏的资源禀赋，现代煤化工自出现便受到了广泛关注。为了提升中国的油气供应和保障能力，利用煤炭提供部分石油与天然气供给量，国家积极推动了现代煤化工产业的发展。

表1-10展示了中国主要的4种现代煤化工产业的产能情况。可以看出，截至2019年，四类现代煤化工产业均未达到"十三五"规划中对2020年的规划产能，但较2015年则取得了显著成绩。2015～2019年，中国煤制油产业的产能上升近700万吨，上升幅度超过2倍，煤制气、煤制烯烃和煤制乙二醇产业基本都实现了产能"翻一番"的重大突破。与"十三五"规划相比，煤制油、煤制烯烃和煤制乙二醇均能够基本达到或接近2020年的规划产能，而煤制气产业则相差较远。产能增长缓慢反映了中国煤制气产业发展面临的一些关键性问题，即上游煤炭成本高企、中游运输管网垄断、下游气价低迷等。这些问题导致已有的煤制气项目出现长期亏损，无力实现良性发展并进一步导致了整个行业在浓烈的观望情绪中踌躇不前。煤制气较低的产能利用率也反映出产业当前面临的困境，由于煤制气成本较高，进口天然气价格受国际供需格局影响始终位于低价徘徊，导致煤制气缺乏市场竞争力，企业产能利用积极性不高、扩大再生产意愿较低。类似的情况也同样出现在煤制油产业中，由于国际原油价格始终疲软、原油供应宽松、石化产业竞争加剧，煤制油项目也面临了"投产即亏损"的境地。相对而言，煤基化学品行业的产能状况相对较好，2019年煤制烯烃产业产能已经接近"十三五"规划要求，位居现代煤化工产业前列。

表1-10 主要现代煤化工产业产能状况

行业	2015年产能	2019年产能	2019年产能利用率/%	2020年规划产能（"十三五"）
煤制油	278万吨	921万吨	81.00	1200万吨
煤制气	31亿立方米	51亿立方米	84.60	200亿立方米
煤制烯烃	729万吨	1582万吨	80.70	1600万吨
煤制乙二醇	212万吨	483万吨	65.50	600万～800万吨

注：数据来源于中国石油和化学工业联合会煤化工专委会、前瞻产业研究院、《2020年度重点石化产品产能预警报告》。

表1-10的产能增长状况与产能利用率水平反映了现代煤化工产业的发展面临着成本上的巨大考验。尤其是煤制油和煤制气产业，其本质用途为替代传统的石油与天然气，在目前国际油气价格低位徘徊的状态下，高企的生产成本使煤制油气产业难以获得竞争优势。现代煤化工产业内部的发展差异反映了不同子产业的相对成本优势，表1-11展示了四类现代煤化工产业可盈利状态的临界油价情况。可以发现，临界油价相对较低的煤制烯烃和煤制乙二醇产能增长与产能利用率状况较好，而煤制油、煤制气项目则更难在低油价背景下实现盈利。因此，较高的生产成本及由此产生的竞争力限制是影响现代煤化工产业发展的关键约束。

表1-11 主要现代煤化工产业可盈利的临界油价

行业	能实现盈利的原油价格（Brent）
煤制油	70～75（油品为主）或55～60（化学品为主）美元/桶
煤制气	2美元/米^3
煤制烯烃	45～50美元/桶
煤制乙二醇	50～55美元/桶

注：数据来源于中国石油和化学工业规划院。

总体来看，我国现代煤化工产业仍处于示范发展阶段，整体产能水平不高，未来发展面临较大的不确定性。由于现代煤化工产业建设周期较长，较低的油气价格和难以快速下降的生产成本使产业整体的产能扩大速度较慢。受到市场需求与国家支持的双向影响，中国的现代煤化工产业在复杂的环境中逐步扩大产能，已经取得了丰硕的成就，但距离实现保障能源安全、有效替代传统油气资源等目的仍有一定距离。随着逐渐增加的项目陆续投产，现代煤化工在中国现代工业中的地位也将逐渐提高。

目前，中国煤化工产业呈现了传统煤化工产能过剩升级难和现代煤化工产能缺乏竞争力并存的局面。随着中国经济走向高质量发展，传统煤化工对经济发展和社会进步提供的支撑力度正在逐渐减弱，在碳排放约束下，进一步去产能将是必由之路。实现向现代煤化工的转型升级，同样是传统煤化工未来发展的重要方向。现代煤化工具有保障国家能源安全与吸纳煤炭产能等多重作用，其发展仍处于起步阶段，在当前油气价格低迷、生产成本高企的状态下，进一步深入了解中国现代煤化工产业的内在情况契合了煤化工产业整体发展的现实需要。

1.3.2 现代煤化工产业分布现状

我国的现代煤化工产业与传统煤化工产业类似，总体格局基本为依托煤炭生产基地而开展产业集聚。通过充分利用煤炭产区完善的配套基础设施与上下游产业，现代煤化工产业可以有效地融入煤炭产业链。下面具体介绍煤制油、煤制气和煤基化工产品三大现代煤化工子产业的分布状况。

从我国主要煤制油项目的分布情况来看，煤制油项目主要分布于我国的西北、华北等地区，大型项目和主要产能集中于新疆、内蒙古、宁夏、陕西、山西等省（自治区）。除了西北和华北地区外，东北的黑龙江和西南的贵州也均有大型煤制油项目建设。这样的区域分布体现了中国煤制油工业发展的区域不平衡的特征，说明中国的煤制油项目主要分布于煤炭资源丰富、煤炭或化工行业基础条件好、产业链建设较好的资源富集地区，体现了煤制油项目对煤炭资源的较高依赖性。甲醇作为重要的中间产品，可以由煤炭加工获得并且能够用于炼化石油。近年来，云南和浙江等地建设了甲醇制油项目，虽然整体产能较低，但正在逐渐改变中国煤制油产业的空间分布格局。

从我国主要煤制气项目的分布情况来看，煤制气项目的分布总体上与煤制油项目类似，具有较强的区域集聚特征。大型煤制气项目和主要产能的集中度更甚于煤制油产业，主要分布于新疆和内蒙古，少部分则分布在陕西、河北、辽宁、湖北和安徽等地。中国煤制气项目的空间分布状况同样反映出了煤制气项目作为资源密集型行业对煤炭资源的高度依赖。同时，新建产能虽然拓展到新疆和内蒙古之外的地区，但仍旧分布于煤炭资源丰富、重化工业基础设施相对完善、煤炭产业链相对健全的区域，这使"北多南少、西多东少"的煤制气空间分布特征持续存在，区域分布不平衡、生产地与消费地不匹配的特征愈发明显。

现代煤化工的煤基化工品产业包括了煤制烯烃、煤制芳烃、煤制乙二醇、煤制二甲醚等多种煤制化工品类。表1-12展示了各类煤基化工项目的基本情况及中国煤基化工品产业的空间分布状况。首先，煤制烯烃在西北、华东、华北、华中、东部地区的装置产能分别占据全国总产能的 68%、20%、10%、1%、1%，体现出煤制烯烃的重要分布特征，即大部分装置位于西北地区，少部分位于东部沿海地区；煤制芳烃项目则更为集中地分布于西北地区；煤制乙二醇运营项目主要集中于河南、新疆等地，另有一部分在建产能集中于内蒙古、湖北、山东等地；煤基二甲醚、煤基醋酸、煤基醋酐整体产能较小，分布普遍相对分散，除了分布于主要的煤炭产区如内蒙古、新疆、陕西等地外，还分布在华中、华东等距离市场较近的地区。

表1-12 煤基化工品产业的空间分布状况

产业	主要项目	空间分布总结
煤制烯烃	内蒙古宝丰400万吨、延长中煤甲醇制烯烃60万吨、神华包头60万吨、神华宁煤50万吨、大唐多伦46万吨、陕西蒲城能化70万吨、青海盐湖100万吨、中天合创鄂尔多斯130万吨、同煤集团大同60万吨、青海矿业60万吨、山西焦煤60万吨、金龙洋酒泉70万吨、国投伊犁60万吨、中汇洋玉门136万吨、新疆中泰化学70万吨	以西北和华北地区为主。煤炭资源禀赋集中分布的"三北"地区集中了绝大部分煤制烯烃产能
煤制芳烃	宝氮集团陕西10万吨甲醇制芳烃、华电榆横3万吨、延长石油40万吨、延长石油榆林煤化100万吨、龙煤天泰10万吨、榆能集团36万吨、河南盛润60万吨、内蒙古庆华甲醇制芳烃10万吨	主要集中于西北地区，尤其是陕西，少部分产能零星分布于河南、黑龙江等北方省份
煤制乙二醇	永金化工濮阳安阳洛阳永城新乡100万吨、新疆天智辰业化工30万吨、鄂尔多斯新杭能源40万吨、阳煤集团寿阳阳泉及深州62万吨、新疆天业汇合石河子60万吨、久泰新材料呼和浩特100万吨、陕煤榆化180万吨、安徽佑顺新材料合肥120万吨、贵州乌蒙山能化毕节120万吨、河南能源30万吨、榆能化学40万吨、宁夏鲲鹏清洁能源40万吨、湖北三宁化工枝江60万吨	产能分布以河南、新疆、山西、内蒙古等地为主，集中于煤炭资源丰富、重工业基础较好的地区。安徽、陕西、湖北、贵州等亦有相关煤化工项目分布
煤制二甲醚	中煤能源集团鄂尔多斯300万吨、兖州煤业50万吨、新疆广汇85万吨、晋煤华昱30万吨	与煤制乙二醇类似，主要分布于少数北方省份

续表

产业	主要项目	空间分布总结
煤制醋酸	内蒙古卓正煤化工 100 万吨、中煤榆林甲醇制醋酸 30 万吨、河南龙宇 40 万吨	相对分散,产能分布以陕西、内蒙古、河南为主
煤制醋酐	丹化控股 100 万吨、东和化工 15 万吨	山东、江苏、上海、河北等传统醋酐产业分布区域

注:数据来源于中国石油和化学工业联合会信息、相关新闻报道以及部分煤炭能源集团公司官网信息等。

整体来看,中国的现代煤化工项目主要集中在华北、西北地区,东北或华中等地区也分布了部分产能,华东、华南等经济相对发达地区相对而言分布较少,我国现代煤化工的总体分布呈现出"西多东少、北多南少、煤炭产区多煤炭消费地区少"的地理特征。这一分布情况主要是由现代煤化工的生产工艺和消费需求所决定的。中国的煤炭资源具有空间分布不平衡的特征,当前的现代煤化工工艺和技术决定了其对煤炭资源具有较强的依赖性,而西北和华北地区能够为现代煤化工提供充足的原材料供应。同时,陕西、山西、内蒙古、新疆、宁夏等地均为中国重要的煤炭产业基地,煤炭相关产业发展历史悠久、相关技术较为先进、产业链相对完善,容易实现产业集聚,因此加剧了现代煤化工产业的空间分布不平衡。

1.3.3 现代煤化工产业相关政策分析

在政策的有利支持下,我国现代煤化工产业已经进入了快速发展时期,并取得了显著的进步。一是总体规模位居世界前列,煤制油气以及煤基化学品产能均居于全球先进水平;二是装置运行水平不断提高,百万吨级煤直接液化等高技术示范项目长期顺利稳定运行且工业"三废"排放量逐步降低;三是产业发展过程中推动了现代煤化工技术的赶超,当前中国现代煤化工技术已经逐步达到国际化先进水平,如煤直接液化技术、间接液化技术、大型煤气化技术、煤油共炼技术等都在国际上具有独立知识产权且技术领先。面对国际国内愈发复杂的经济形势以及能源安全、环境保护的需要，现代煤化工产业也得到了国家的高度重视并根据现实情况调整了针对该产业的相关政策。表 1-13 展示了中国现代煤化工产业相关政策情况。

表 1-13　中国现代煤化工产业相关政策汇总

发布时间	政策	核心内容
2004 年 6 月	《能源中长期发展规划纲要》	将煤化工列入中长期能源发展战略的重点，加强相关技术开发
2005 年 9 月	《关于促进煤炭工业健康发展的若干意见》	稳步实施煤炭液化、气化工程
2006 年 7 月	《关于加强煤化工项目建设管理促进产业健康发展的通知》	对煤化工项目规模设立门槛：煤制油 300 万吨、甲醇 10 万吨、烯烃 60 万吨
2006 年 12 月	《煤化工产业中长期发展规划》	规划了煤制油、煤制二甲醚、煤制烯烃在 5 年、10 年、15 年的发展规模，提出打造七大煤化工基地
2008 年 8 月	《关于加强煤制油项目管理有关问题的通知》	明确了中国应坚持通过煤制油示范工程建设逐步确定现代煤化工的发展路线
2009 年 5 月	《石化产业调整和振兴规划》	三年内停止审批传统煤化工中的焦炭、电石等煤化工项目，抓好现有示范工程
2011 年 3 月	《关于规范煤化工产业有序发展的通知》	严格产业准入政策，加强项目审批管理
2012 年 3 月	《煤炭工业十二五规划》	有序建设现代煤化工升级示范工程
2012 年 7 月	《煤炭深加工产业发展政策》	推进传统煤化工结构调整，促进其向现代煤化工和深加工转型，建设 15 个示范性新型煤化工项目
2013 年 1 月	《煤炭产业政策》	重点开发中西部煤炭调出省中水资源相对丰富、配套基础条件好的地区，提升现代煤化工产业加工转化率
2015 年 4 月	《煤炭清洁高效利用计划（2015—2020 年）》	指出要适度发展现代煤化工产业，减少对生态环境的负面影响

第1章 煤基能源产业发展现状分析

续表

发布时间	政策	核心内容
2015年5月	《石化产业规划布局方案》	将煤经甲醇制烯烃装置核准下放至省级发展和改革委员会部门
2015年12月	《现代煤化工建设项目环境准入条件》	要求现代煤化工优先布局于水资源丰富、环境容量大的地区
2016年12月	《现代煤化工"十三五"发展规划纲要》	对现代煤化工产能提出目标要求：煤制油，1200万吨；煤制天然气，200亿立方米；煤制烯烃，1600万吨；煤制芳烃，100万吨；煤制乙二醇，600万～800万吨
2017年1月	《煤炭深加工产业示范"十三五"规划》	明确提出"十三五"期间重点支持五大类新型煤化工
2017年3月	《现代煤化工产业创新发展布局方案》	提出煤化工的任务重点在开展煤制烯烃、煤制油升级示范项目，有序开展煤制天然气等产业化示范项目
2019年11月	《产业结构调整指导目录》	要求加快煤炭深加工技术、转变煤化工产业发展模式
2020年4月	《中华人民共和国能源法（征求意见稿）》	促进煤炭清洁高效利用，适当发展煤制燃料和化工原料
2020年5月	《中共中央、国务院关于新时代推进西部大开发形成新格局的指导意见》	优化煤炭生产与消费结构，推动煤炭清洁生产与智能高效开采，积极推进煤炭分级分质梯级利用，稳步开展煤制油、煤制气、煤制烯烃等升级示范，培育一批清洁能源基地
2020年10月	《煤液化调和柴油标准》	制定了煤制柴油的产品规范

表1-13展示了中国现代煤化工产业政策所具有的特点与变化趋势，具体来说包括以下几点。

（1）以"清洁低碳、安全高效"作为现代煤化工产业发展的基本要求

由于现代煤化工产业在生产过程中不可避免地需要排放污染物，为了尽可能减少发展产业过程中带来的负面影响，我国从现代煤化工产业发展之初就致力于控制项目发展带来的环境负外部性。从 2006 年开始，我国政府就通过对煤化工项目规模设立门槛以促进产业的清洁高效发展；2011 年又进一步严格了产业准入政策，加强项目审批管理；2015 年则直接指出，要适度发展现代煤化工产业，减少对生态环境的负面影响，加强了对现代煤化工产业的环境要求；随后，为了尽可能减轻现代煤化工产业带来的环境影响，中国政府又进一步要求现代煤化工优先布局于水资源丰富、环境容量大的地区，并要求相关项目布局在相关产业园区内，严格执行污染防治和减轻环境影响。现有的政策为推进中国能源清洁低碳转型发展指明了方向，也就是说，作为保障能源长期稳定供应的关键行业，现代煤化工产业未来必然需要沿着清洁低碳的方向发展。

（2）以示范化项目作为突破口逐步发展　　从政策变迁过程中可以总结出，中国发展现代煤化工的过程中，主要以示范化项目作为突破口逐步发展，这一特点符合现代煤化工准入门槛高、建设难度大、风险高的特点，并有效地促进了中国现代煤化工项目的可持续发展。2006 年，中国首次对煤化工项目规模设立门槛，为后期的示范化推进打下了良好基础。因此，中国政府于同年制定了煤制油、煤制二甲醚、煤制烯烃的规模规划，着力打造大型煤化工基地从而促进现代煤化工发展。2012 年，中国首次明确提出通过示范性项目的方式发展现代煤化工。2017 年，国家能源局出台了《煤炭深加工产业示范"十三五"规划》，提出现代煤化工产业发展的六大基本原则：自主创新，升级示范；量水而行，绿色发展；严控产能，有序推进；科学布局，集约发展；转换动力，助推转型；优势互补，协调发展。"十三五"期间，重点开展煤制油、煤制天然气、低阶煤分质利用、煤制化学品、煤炭和石油综合利用等 5 类模式以及通用技术装备的升级示范。2017 年，《现代煤化工产业创新发展布局方案》的颁布为中国现代煤化工产业的长远布局指明了方向。中国政府明确了示范性发展是现代煤化工实现合理布局的要求，指出发展现代煤化工必须开展煤制烯烃、煤制油升级示范项目，有序开展煤制天然气等产业化示范项目，通过示范化发展推动产业技术水平上升，促进产业稳定发展。通过示范化项目推动现代煤化工产业的技术进步反映出中国现代煤化工处于产业化的升级示范阶段，中国政府正在逐步注重现代煤化工产业发展的全局性。

（3）政策从摇摆走向明确　中国现代煤化工于 2004 年开始发展，其后，国家及地方政府先后多次出台文件，对煤化工产业发展进行指导，使其先后经历了少数项目的示范发展、"一哄而上"的过热发展、严格调控下的止步不前等多个阶段。具体来说，2004 年我国首次从技术层面间接将现代煤化工列入中长期能源发展战略的重点，促进了现代煤化工项目的快速增加，甚至出现了"逢煤必化"的现象，间接导致了现代煤化工的过热化。由于现代煤化工技术要求高、资本投入大，现代煤化工产业的过热化发展并不利于产业的高质量发展。因此，政府 2008 年出台《关于加强煤制油项目管理有关问题的通知》，强调了应坚持示范化发展之路，遏制了现代煤化工的盲目发展。2011 年，国家发改委进一步明确未来 5 年煤化工由"适度"改为"谨慎"发展的基调，但 2013 年又对煤化工"开闸放水"，释放了推动现代煤化工发展的政策信号使过热现象再次出现。2015 年颁布的《现代煤化工建设项目环境准入条件》则再次提高了核准门槛，减缓了产业发展过热的现象。随着近年来针对现代煤化工产业的分析逐渐深入，中国在这一领域的政策导向逐渐统一化、持续化，在《中华人民共和国能源法（征求意见稿）》中，将现代煤化工定性为"适当发展"，为现代煤化工提供了更为明确的政策定位。

1.4　工业用煤发展现状

根据"'十四五'规划和 2035 年远景目标"的要求，为实现碳中和目标，未来要推进钢铁、石化、建材等行业绿色化改造。上文分析了煤化工产业用煤现状、问题和政策趋势。其实，除煤化工产业外，钢铁和水泥建材产业是仅次于煤化工的"耗煤大户"。仅拿钢铁产业来说，目前中国碳排放量中钢铁行业约占 15%，并且钢铁行业已经明确了"十四五"期间的减碳任务，即"完成 5.3 亿吨钢铁产能超低排放改造"。本节深入总结和分析除煤化工外的钢铁和水泥建材产业发展的基本现状，并梳理相关政策与专家观点。

1.4.1 工业用煤基本概况

2020 年以来国内粗钢产量增速高居不下导致铁矿石价格大幅上涨，严重压制国内钢材吨钢毛利水平。经过 2016 年以来钢铁行业"去产能"后，国内合规钢铁产能通过提升产能利用率的方式弥补"地条钢"取缔后的供给缺口。同时，在房地产、基建和制造业需求带动下，国内粗钢产量同比增速居高不下。根据国家统计局数据，2020 年国内粗钢产量达 10.53 亿吨，同比增长 5.2%。国内粗钢产量高增长带动铁矿石价格大幅上涨。

具体来言，2020 年中国粗钢产量约占全球总产量的 56%，长流程高炉生铁占比达 68.4%，减排国际压力较大。根据世界钢铁协会发布的《2020 年全球钢铁行业年鉴》，2020 年全球粗钢产量达 18.64 亿吨，同比下降 0.9%。其中中国粗钢产量达到 10.53 亿吨，同比增长 5.2%，产量占全球粗钢产量的 56.5%。同时，2020 年全球高炉生铁产量为 12.99 亿吨，同比下降 0.58%。其中中国高炉生铁产量同比增长 4.26% 至 8.88 亿吨，占比达 68.4%。

中国建筑材料的生产和消费均位列全球第一，建材行业也是材料工业的重要组成部分。2019 年，全国建筑材料工业增加值较上一年同比增长 8.5%。其中，水泥全年产量 23.3 亿吨，位居全球首位，同比增长 6.1%（数据来源：《中国建筑材料工业年鉴》）。最近几年，随着固定资产投资增速放缓，建材行业的发展对投资的依赖度逐渐下降。受市场需求和国家政策的影响，行业内部与固定资产投资密切相关的行业发展迅速（如水泥、砂石、混凝土等）。此外，受各地区环保和节能政策的影响，省份间的建材行业发展差异明显。

建筑材料工业是典型的能源资源承载型产业，能源消费量占全国能源消费的 7% 左右，其中煤和煤制品、电力消耗约占建筑材料全行业能源消耗的 86%（数据来源：中国建筑材料联合会）。煤炭也是建材行业生产成本的重要组成部分，以水泥为例，约占到水泥生产成本的 40%。同时，建材行业也是我国能源消耗和碳排放最大的工业部门之一，也是我国最大的工业生产过程二氧化碳排放源。根据《中国建筑材料工业碳排放报告》，中国建筑材料工业 2020 年二氧化碳排放 14.8 亿吨，建筑材料工业万元工业增加值二氧化碳排放比上年上升 0.02%。具体来说，水泥工业 2020 年二氧化碳排放 12.3 亿吨，占建材行业碳排放 83.11%。除此之外，在水泥生产过程中由于电力消费而产生的二氧化碳约合 8955 万吨。Wind 数据库显示，受新冠疫情的影响，2020 年上半年，建材行业营业收入和扣非净利润分别是 2801.4 亿元和 325.6 亿元，同比增长了 -1% 和 -6%。其中，水泥板块营业收入和扣非净利润 1806.2 亿元和 245.8 亿元，同比增长了 -1% 和 -8%。从建材企业上市公司的市值看，海螺水泥依然是行业龙头，2020 年第二季度归母净利润增速达到 22%。细分领域中，18 家水泥上市公司只有 6 家公司实现了营业收入同比增长，其中第一季度水泥产量同比增长了 -23.9%。随着各地陆续复工复产，水泥板块供需格局向好，当期的销售回款情况良好。

1.4.2　工业用煤发展趋势

（1）我国钢铁产量大且仍在增长　从 1996 年起，我国钢铁行业产能产量就一直位居世界第一。国家统计局数据显示，2020 年中国粗钢产量 10.53 亿吨，2021 年 1～5 月的产量较 2019 年同期增幅为 16.85%。从钢材的消费结构来看，中国生产的钢材绝大部分都用于国内消费，出口占比很低。而在国内消费中有 58% 是用于建筑领域，另外约 35% 是用于工业制造业。我国在国民经济发展目标中提出 2035 年人均生产总值要达到中等发达国家水平，因此未来一段时间我国经济仍有较大的增长目标压力，建筑行业预计在投资的拉动下仍会保持增长，工业制造业作为国民经济支柱还会有大幅增长空间。相应地短期内钢材的消费应该还会维持在高位，国内粗钢产量很可能会保持在 10 亿吨左右的水平。

（2）钢铁生产仍采用高排放工艺，但是正在进行环保积极改造　目前我国钢铁行业工艺流程仍以碳排放量高的高炉 - 转炉法为主，其在粗钢总产量中占比高达 90%，而排放量相对较低的电弧炉冶炼法产量仅占 10% 左右。在碳达峰、碳中和的背景下，"十四五"时期，钢铁行业深化供给侧结构性改革进入新阶段，节能降碳将成为新的重要工作内容。各有关部门正在抓紧研究钢铁行业碳达峰行动计划，在统筹考虑碳达峰工作与产业发展的基础上，制定碳达峰、碳中和路径与具体实施方案。除中央部委及行业协会着手制定相关政策外，国内各主要钢铁企业也积极响应实施低碳改造。宝武钢铁提出要在 2023 年实现碳达峰，2035 年实现减碳 30%，2050 年实现碳中和，并计划发布低碳冶金路线图。河钢集团提出 2022 年实现碳达峰，2025 年实现碳排放量较峰值降 10%，2030 年实现降低 30% 以上，2050 年实现碳中和。鞍钢集团也提出了目标，将在 2025 年前实现碳达峰，2035 年碳排放较峰值下降 30%，成为首批碳中和的大型钢铁企业。

（3）**市场外因素对建材水泥行业发展影响明显**　为应对大气污染，部分省份针对以水泥为代表的行业出台了错峰生产政策，导致企业生产经营的不确定性增加和生产成本增加。建材行业内部逐渐分化。受各地区政策差异的影响及生产经营环境的变化，头部企业的综合竞争力日渐凸显。以水泥行业为例，2020 年上半年，排名前五位的公司营业收入占整个行业营业收入的 83.1%。与之对应的是，部分小企业受疫情影响停工的次数逐渐增多。传统建筑材料的制造使用，引发了一系列的环境污染问题。鉴于此，需要积极推广绿色建筑材料，2020 年 7 月，多部门联合印发的《绿色建筑创建行动方案》（建标〔2020〕65 号）中明确规定，到 2022 年，当年城镇新建建筑中绿色建筑面积占比达到 70%。

1.4.3　工业用煤相关政策分析

（1）**淘汰落后产能，化解产能过剩**　钢铁、建材水泥工业是国民经济的重要基础产业，钢铁、建材水泥工业持续快速增长，产业规模持续扩大，其中水泥产量世界第一。但是，由于长期扩张而导致的行业内部结构性矛盾日益凸显，行业产能严重过剩，行业增速放缓、效益下降，其中水泥和平板玻璃等行业中问题尤其突出。化解产能过剩是建材行业推动供给侧结构性改革、实现产业转型升级的重要工作。如表 1-14 所示，2009 年为应对国际金融危机的影响，政府针对建材行业的重复建设和产能过剩加以调控和引导，防止市场恶意竞争。2016 年国务院办公厅印发了《关于促进建材工业稳增长调结构增效益的指导意见》(国办发〔2016〕34号),为应对宏观经济下行导致建材行业承压态势,统筹业内绝对过剩与结构性短缺并存、外部需求增速放缓等诸多不利因素,多措并举积极有效化解产能过剩矛盾,促进建材工业产能利用率回归合理区间,推动行业转型升级、健康发展。2020年6月出台的《关于做好2020年重点领域化解过剩产能工作的通知》,在巩固去产能成果的同时,建材行业要坚决禁止新增产能,严把项目备案关,从严审核产能置换方案。并且充分利用市场机制去产能,通过市场化机制淘汰落后产能和过剩产能。

表1-14 化解产能过剩相关政策文件

时间	政策文件	颁布单位	主要内容
2009年9月	《关于抑制部分行业产能过剩和重复建设引导产业健康发展的若干意见》	国家发改委、工业和信息化部、监察部、财政部、国土资源部、环境保护部、质检总局、银监会、证监会	对钢铁、水泥等高耗能、高污染产业,要坚决控制总量、抑制产能过剩;鼓励发展高技术、高附加值、低消耗、低排放的新工艺和新产品,延长产业链,形成新的增长点
2014年7月	《2014—2015年全国建材市场秩序专项整治工作要点》	质检总局、国家发改委、公安部、环境保护部、住房城乡建设部、商务部、国家工商总局、国家林业局、国家能源局	推动化解产能过剩。推进产业结构调整,化解钢铁、水泥、平板玻璃等行业产能严重过剩矛盾。对工艺装备落后、产品质量不合格、能耗及排放不达标、不符合产业政策的企业和项目,依法不予颁发产品生产许可证,坚决淘汰落后产能
2015年4月	《部分产能严重过剩行业产能置换实施办法》	工业和信息化部	明确规定,本办法适用的部分产能严重过剩行业为:钢铁(炼钢、炼铁)、电解铝、水泥(熟料)、平板玻璃行业。对过剩行业界定范围、产能置换的条件和要求、产能置换数量核算依据、产能置换公示平台及监督检查主体等方面做出了明确要求

续表

时间	政策文件	颁布单位	主要内容
2016年5月	《关于促进建材工业稳增长调结构增效益的指导意见》	国务院	一是严禁新增产能。2020年底前，严禁备案和新建扩大产能的水泥熟料、平板玻璃建设项目；2017年底前，暂停实际控制人不同的企业间的水泥熟料、平板玻璃产能置换，对违规建设严肃查处。二是淘汰落后产能。严格执行环保、能耗、质量、安全、技术等法律法规和产业政策，依法淘汰落后产能。三是推进联合重组。支持优势企业搭建产能整合平台，利用市场化手段推进联合重组，整合产权或经营权，优化产能布局，提高生产集中度。四是推行错峰生产。推行水泥熟料错峰生产，倡导平板玻璃行业通过自律合理限产
2017年12月	《关于印发钢铁水泥玻璃行业产能置换实施办法的通知》	工业和信息化部	严禁备案和新建扩大产能的水泥熟料、平板玻璃项目。确有必要新建的，必须实施减量或等量置换，制定产能置换方案
2020年6月	《关于做好2020年重点领域化解过剩产能工作的通知》	国家发改委、工业和信息化部、国家能源局、财政部、人力资源社会保障部、国资委	坚持巩固、增强、提升、畅通的方针，着力巩固去产能成果，持续推动系统性去产能、结构性优产能，不断提升职工安置和资产债务处置质量，全面提高行业治理能力

（2）防范环境污染，实现建材行业碳达峰 建材工业企业数量众多，污染物排放总量高，其废气排放量约占全国工业废气排放总量的18%，是我国大气污染物排放的主要来源之一。如表1-15所示，2016年7月工业和信息化部正式公布《工业绿色发展规划（2016—2020年）》，到2020年，绿色发展理念将成为工业全领域全过程的普遍要求，工业二氧化硫、氮氧

化物、化学需氧量和氨氮排放量明显下降。2018年7月国务院印发了《打赢蓝天保卫战三年行动计划》，指出到2020年，$PM_{2.5}$浓度进一步明显下降，二氧化硫、氮氧化物等主要大气污染物排放总量大幅减少。为此，需要深入推进重污染行业产业结构调整。按照"淘汰一批、替代一批、治理一批"的原则，加快淘汰落后产能和不达标工业炉窑，实施燃料清洁低碳化替代，推进工业炉气设备改造升级。考虑到建材、石化等重点行业存在污染综合治理水平较低的问题，需要深化行业污染治理工作，大幅削减生产、运输过程中的污染物排放量。此外，低碳发展技术事关建材行业生存和永续发展，特别是在"双碳"目标下。需要全面加强行业产能控制，加大落后产能淘汰力度，推广高效节能技术，积极推进化石燃料替代，推动建材行业实现碳达峰目标。

表1-15 防范环境污染相关政策文件

时间	政策文件	颁布单位	主要内容
2013年9月	《大气污染防治行动计划》	国务院	结合产业发展实际和环境质量状况，进一步提高环保、能耗、安全、质量等标准，分区域明确落后产能淘汰任务，倒逼产业转型升级。加大环保、能耗、安全执法处罚力度，建立以节能环保标准促进"两高"行业过剩产能退出的机制
2016年7月	《工业绿色发展规划2016—2020年》	工业和信息化部	提出大力推进能效提升、大幅减少污染排放、加强资源综合利用、削减温室气体排放、提升科技支撑能力、加快构建绿色制造体系、推进工业绿色协调发展、实施绿色制造+互联网、提高绿色发展基础能力、促进工业绿色开放发展等十大主要任务
2018年7月	《打赢蓝天保卫战三年行动计划》	国务院	经过3年努力，大幅减少主要大气污染物排放总量，协同减少温室气体排放，进一步明显降低细颗粒物（$PM_{2.5}$）浓度，明显减少重污染天数，明显改善环境空气质量，明显增强人民的蓝天幸福感

续表

时间	政策文件	颁布单位	主要内容
2019年3月	《2019年工业节能监察重点工作计划》	工业和信息化部	依据强制性节能标准突出抓好重点用能企业、重点用能设备的节能监管工作，推进重点行业、区域工业能效水平提升，实施国家重大工业专项节能监察
2019年7月	《工业炉窑大气污染综合治理方案》	生态环境部、国家发改委、工业和信息化部、财政部	到2020年，完善工业炉窑大气污染综合治理管理体系，推进工业炉窑全面达标排放，京津冀及周边地区、长三角地区、汾渭平原等大气污染防治重点区域工业炉窑装备和污染治理水平明显提高，实现工业行业二氧化硫、氮氧化物、颗粒物等污染物排放进一步下降，促进钢铁、建材等重点行业二氧化碳排放总量得到有效控制，推动环境空气质量持续改善和产业高质量发展
2020年11月	《中共中央关于制定国民经济和社会发展第十四个五年规划和二〇三五年远景目标的建议》	中国共产党第十九届中央委员会第五次全体会议	降低碳排放强度，支持有条件的地方率先达到碳排放峰值，制定2030年前碳排放达峰行动方案

1.5 散煤治理现状

除电煤和工业过程煤外，散煤是我国煤炭消费的又一来源，约占全部煤炭消费量的15%。随着国民经济的快速发展，能源消费的不断攀升，散煤燃烧造成的环境污染问题也日益严重。研究表明，散煤带来的大气污染物排放，对空气质量和人体健康的危害比相同排放量工业源的危害更直接、更明显。对散煤燃烧采取强有力的综合治理措施，是解决我国部分地区大气污染问题的重要环节。本节对散煤治理现状展开分析，梳理相关政策，并对散煤治理重点方向进行总结。

1.5.1 散煤治理概况

散煤通常是指工业（发电、冶金、化工、医药、建材、供热等）集中燃煤以外的，主要指炊事、取暖等非工业用途的煤炭。散烧煤主要具有以下特性：①在源头端，现阶段的散煤往往具有灰分、硫分含量高，煤质低劣的特性；②在使用端，单位体量小且分散使用，燃烧过程效率低；③在排放端，属于低矮面源，大多数为直燃直排，没有或缺少足够的脱硫、脱硝、除尘等处理设备或措施，污染物排放强度较高，对控制质量影响较大。

散煤综合治理作为大气防治的具体要求和重要举措，发轫于"十三五"时期，并得到全力推进。政策从淘汰工业小锅炉、整治散乱污企业、专项治理窑炉、北方清洁取暖等多领域多管齐下，同时以严格的环保督察制度保障政策的实施，总体上取得了积极成效。其中，2016～2019年工业散煤治理对全国散煤削减总量的贡献超过60%。在过去的四年中，工业小锅炉淘汰政策逐步加严并扩围，重点区域散乱污企业整治力度前所未有，建材等行业积极淘汰落后产能，以及错峰生产等新举措的高效执行，使得重点区域工业散煤治理空间有效压缩。同时，北方地区冬季清洁取暖作为重大的民心工程、民生工程，引起中央和地方政府的高度重视。各级政府在试点政策时期，积极从机制设计、技术路线选择、任务推进、组织管理、监督管理等多维度进行探索和创新，为"十四五"时期更大范围地推广清洁取暖工作奠定了良好的基础。

"十三五"时期，国家通过对工业散煤和居民取暖两个大方向综合治理，空气质量得到明显改善。一方面，控制新增燃煤锅炉规模、加快淘汰燃煤小锅炉实施"清洁能源替代"、提高供热燃煤质量、实施节能环保综合改造等，在全国范围内有效降低了燃煤工业小锅炉数量和规模。另一方面，民用散煤治理试点先行，大规模的"煤改气""煤改电"工程拉开序幕，大幅提升了居民清洁取暖率。根据《北方地区冬季清洁取暖规划（2017—2021年）》的要求，中央政府以财政补贴作为保障，在63个城市分四批开展了清洁取暖试点示范工作，在居民散煤治理和清洁取暖工作上取得了积极成效。据统计，到 2021 年 4 月，43 个试点城市共完成改造面积合计约 39.10 亿平方米，户数达 3526 万户。其中，城区部分完成改造面积合计 9.58 亿平方米，户数达 869 万户；其余地区完成改造面积 29.51 亿平方米，户数达 2657 万户。

为进一步改善空气质量，推进能源转型和美丽中国建设，确保 2030 年空气质量目标的实现，我国在"十四五"期间须基本解决散煤问题，全面淘汰 35 蒸吨/时及以下的小锅炉，进一步推动北方清洁取暖改造，到 2025 年实现北方平原地区基本完成生活和冬季取暖散煤替代。在巩固"十三五"成果的基础上，目标完成散煤 1.5 亿吨削减量，力争削减量达 2 亿吨。进一步攻坚克难深挖工业领域的散煤减排潜力，促进北方清洁取暖可持续健康发展。完善落实环保督查制度，压实监管责任，通过建立监管平台等长效机制，保证散煤治理成效，力保散煤不返烧。

1.5.2 相关政策梳理

从工业小锅炉的治理政策来看，为促进环境空气质量改善，国务院于 2018 年 7 月印发《打赢蓝天保卫战三年行动计划》（国发〔2018〕22 号），提出对燃煤小锅炉开展综合整治，加大散烧锅炉淘汰力度。对于县级及以上城市建成区，10 蒸吨/时及以下燃煤锅炉及茶水炉、经营性炉灶、储粮烘干设备等燃煤设施应基本淘汰。35 蒸吨/时以下的燃煤锅炉在原则上不再新建。对于重点区域，35 蒸吨/时以下燃煤锅炉，以及 65 蒸吨/时及以上燃煤锅炉应全部完成超低排放和节能改造。锅炉治理相关政策文件见表 1-16。

表 1-16 锅炉治理相关政策文件

时间	政策文件	颁发机构	主要内容
2018 年 1 月	《关于开展第二次全国污染源普查生活源锅炉清查工作的通知》	环境保护部、质检总局	开展生活源锅炉清查工作，认真组织摸排所在区域生活源锅炉基本情况，包括生活源锅炉位置分布、锅炉运行状况和污染治理情况

续表

时间	政策文件	颁发机构	主要内容
2018年8月	《关于开展电站锅炉范围内管道隐患专项排查整治的通知》	市场监管总局	界定电站锅炉范围内管道，制定电站锅炉范围内管道基本要求，开展电站锅炉范围内管道专项隐患排查整治
2018年11月	《关于加强锅炉节能环保工作的通知》	市场监管总局、国家发改委、生态环境部	进一步对锅炉节能环保水平进行提升，强化落实锅炉节能环保工作监管
2018年12月	《关于锅炉安装环节风险警示的通告》	市场监管总局	落实制造单位主体责任，加强锅炉安装过程管理，严格落实监督检查要求
2019年1月	《关于贯流式锅炉相关技术问题的意见》	市场监管总局	要求相关贯流式锅炉生产企业进一步严格落实法规标准要求，提高生产制造质量，确保产品质量安全

从工业小窑炉的治理政策来看，"十三五"初期，生态环境部在重点区域内大力开展了"散乱污"企业整治，对建材行业散煤治理发挥重要作用。2018 年，生态环境部开展了工业炉窑专项整改，《砖瓦工业大气污染物排放标准》（GB 29620—2013）和《陶瓷工业污染物排放标准》（GB 25464—2010）得以在行业内深入落实，环境部门对不达标企业进行了全面治理。此后，借助砖瓦行业专项执法与整治，摸清了行业家底，加大了污染源在线监测，并出台了《排污许可证申请与核发技术规范 陶瓷砖瓦工业》（HJ 954—2018），大力淘汰落后和过剩产能，推进企业技术改造。2019 年，在认真贯彻国家发改委《产业结构调整指导目录（2011 年本）（2013 年修改）》的基础上，出台了《产业结构调整指导目录（2019 年本）》，为 2020 年及"十四五"工业小窑炉治理奠定了坚实基础。

民用散煤治理主要依托北方清洁取暖的推进。"十三五"期间，北方地区冬季清洁取暖相关政策密集出台，如表 1-17 所示。在 43 个北方清洁取暖试点中,"2+26"通道城市起步较早,改造规模较大。"2+26"通道城市(不含北京)合计完成清洁取暖改造 22.66 亿平方米、1942 万户,改造面积占比 76%,改造户数占比达 73%。

表 1-17　清洁供暖相关政策文件

时间	政策文件	颁发机构	主要内容
2015 年 6 月	《关于开展风电清洁供暖工作的通知》	国家能源局	采用风电项目替代现有的燃煤小锅炉,支持新建建筑优先采取风电用于清洁供暖。探索风电场直供电力用户的供电模式
2017 年 5 月	《关于开展中央财政支持北方地区冬季清洁取暖试点工作的通知》	财政部	鼓励试点城市开展清洁方式取暖替代行动,逐步开展建筑节能改造,以试点工作达到示范带动效应
2017 年 12 月	《北方地区冬季清洁取暖规划(2017—2021 年)》	国家发改委、国家能源局、财政部等十部门	要求坚持清洁替代、安全发展,构建规模合理、安全可靠的热力供应系统。提出"2+26"重点城市要率先实现清洁取暖,加快天然气供应能力建设
2017 年 9 月	《关于北方地区清洁供暖价格政策的意见》	国家发改委	制定"煤改电""煤改气"的具体价格支持政策,对适宜"煤改电"的地区采取推行上网侧峰谷电价政策,完善峰谷电价制度;适宜"煤改气"的地区采取综合措施降低清洁供暖用气成本,重点支持农村"煤改气"
2017 年 12 月	《关于做好 2017—2018 年采暖季清洁供暖工作的通知》	国家能源局	要求统一部署清洁能源供应、清洁供暖热源、管网线路、节能建筑等清洁供暖各环节的工作

续表

时间	政策文件	颁发机构	主要内容
2018年11月	《关于做好2018—2019年采暖季清洁供暖工作的通知》	国家能源局	要求扎实抓好清洁取暖实施方案落实，稳妥推进"煤改气""煤改电"，积极扩大可再生能源供暖规模，扎实推进清洁燃煤集中供暖，探索创新清洁供暖模式

**Toward Carbon Neutrality:
Optimization of
China's Coal-based Energy Industry**

碳中和下中国煤基能源产业优化发展

第 2 章

煤基能源产业中长期发展面临的挑战

2.1 煤炭产业发展存在的问题
2.2 煤电产业发展存在的问题
2.3 煤化工产业发展存在的问题
2.4 工业用煤发展存在的问题
2.5 散煤治理存在的问题

我国积极承担碳减排的国际义务，对煤基能源产业的发展提出了新的挑战。2060年实现碳中和目标为我国能源低碳转型提供了明确的时间表，未来碳排放空间进一步缩小。在碳市场等碳定价政策逐步推进的内部环境与国际社会一致应对气候变化的外部局势交织下，减少碳排放、增加碳固存等应对气候变化政策对煤炭的清洁转型提出持续性挑战。随着煤炭利用形式引发的碳排放问题日趋严峻，煤炭的低碳高效利用水平亟待提升。

我国人口多，经济体量大，对化石能源依存度高，产生的碳排放量大，因此我国的气候治理对于全世界影响巨大。在我国一次能源消耗中，煤炭占比最高，在"双碳"目标约束下，调整以煤炭为主的能源生产和消费结构，并在未来几十年内逐步"弃煤"至关重要。基于当前煤炭产业的体量以及碳排放量，我国争取在2060年前实现碳中和的目标将对产业的发展产生剧烈冲击，煤炭产业将面临着巨大的监管要求和管控压力，煤基能源产业正处于发展转型的历史性拐点。

2.1 煤炭产业发展存在的问题

2.1.1 低碳约束下煤炭供需结构调整存在压力

煤炭对于社会经济发展、基础设施建设、工业电力提供以及人民生活保障的关键作用与"碳达峰""碳中和"的环保矛盾是中国作为发展中国家所面对的特殊困境。中国主要的煤炭用户包括煤电、化工、建材及钢铁，这些产业属于国家基础工业，与国家经济发展、社会稳定运行都有很大的相关性。在实现第二个百年奋斗目标和碳中和愿景的双重背景下，这类高耗能产业面临着保证生产与降低排放的双重压力，这也进一步导致煤炭行业供需结构调整存在较大压力。

中国的煤炭消费具有空间尺度和时间尺度不平衡的特点。从空间的角度而言，中国煤炭生产部门和煤炭消费部门存在着明显的脱钩，煤炭的产销地空间不均衡。山西、内蒙古、陕西等煤炭供应大省（区）距离能源需求高、发展快的东南沿海地区较远。此外，从时间的视角出发，煤炭消费存在着季节性供需失衡的特征。夏、冬两季为工业及居民用电需求高峰期，煤炭供应紧张。

从煤炭供需的角度分析，以煤炭作为能源的高耗能行业面临着供需结构调整的压力。中国煤炭消费的四大行业——电力、钢铁、建材和化工仍然坚挺。截至 2020 年 10 月，四大行业总煤炭消费比例从 2015 年的 82.2% 持续攀升至 90.1%。中国钢材总产量达 10.8 亿吨，同比上升 6.5%；粗钢总产量达 8.7 亿吨，同比上升 5.5%；生铁产量达 7.4 亿吨，同比上升 4.3%；焦炭产量达 3.9 亿吨，同比下降 0.7%。随着我国钢铁产量的增加，钢铁行业能耗从 1996 年的 1.287 亿吨煤（当量值）增加到 2018 年的 6.228 亿吨煤（当量值）。煤炭和焦炭在钢铁生产消耗中占比超过 90%。作为中国传统能源系统的最重要一环，煤电行业在中国经济社会发展中发挥着重要作用。2020 年我国煤电在总电力供应中占比达到了 60.7%，发电用煤占全国煤炭消费总量的 60% 左右。煤化工行业目前的用煤占比大约是 7.5%，相比于煤电、钢铁行业来说相对较小。但是随着现代煤化工产业技术突破以及产品更新，未来煤化工行业将以倍速扩张。

由于煤炭供需关系的时空变化，煤基产业未来将无法避免向西部地区迁移。中国煤炭行业的供给地区集中度进一步提升，最大的产煤区块山西、内蒙古、宁夏、陕西及新疆的煤炭总产量达到 26.2 亿吨，约占全国的 71%。而第二、第三大产煤区的煤炭产量呈现出逐年下降的趋势，东三省、华东和西南的老矿区因去产能政策关停落后产能。煤炭供给的区域性调整与煤炭需求部门低碳转型将不可避免地产生摩擦，煤电、钢铁、化工等产业的转移过程将产生巨大的沉没成本、财务负担以及社会风险。例如，煤电行业的转移将直接威胁到电力系统的安全与稳定，造成经济社会资源配置的低效率并使发电企业无法负担转移的资金成本。

2.1.2 煤炭资源开发带来的生态环境破坏问题

煤炭在开采、洗选、加工、储运、利用等全生命周期内，会产生废水、废气、固体废弃物等，对大气环境、水环境、土壤、地质地貌和生态环境造成影响，主要表现在三个方面，分别是土地破坏、水资源损失和生态环境的破坏。土地破坏表现为煤炭开采对土地土层结构的破坏，造成土地塌陷等伤害，使得土地不再适宜植被生长。水资源损失表现为煤井的挖掘使得地下水循环出现问题，造成水资源污染和损失，损害我国本就稀缺的淡水资源。生态环境的破坏主要表现为煤炭开采地区对当地生物圈造成不可逆的破坏，破坏生态循环。

随着近年来"绿水青山就是金山银山"的深入人心和监管要求的提升，煤炭资源开发对生态环境的影响，特别是负面影响在不断减轻，甚至实现了更高水平的重构。但是，中国煤炭开发的历史悠长且开采强度较大。多年来煤炭工业大规模粗放型、掠夺式的发展模式所造成的生态环保历史欠账，难以在短期内补齐。正是这些在煤炭黄金发展期被人所忽略的问题，在煤炭市场前景和政策发生变化的当前都暴露出来，使得其未来发展遇到瓶颈。

在整体上，**尽管煤炭行业的清洁生产有了长足的进步，但是对环保工作的重视程度有待提高，存在良莠不齐和不平衡发展现象**。具体表现在，东部矿区面对更严格的环保节能标准，大型煤企面临更强的环境规制压力。环境治理的收益无法很快见效，生态环境保护工作道阻且长，绿色生产的理念需要在煤炭行业的发展中彻底贯彻和践行。

2.1.3　老矿城产业转型发展路径不清晰

我国以煤炭为主的能源生产消费结构，造就了许多依靠煤炭开采的资源型城市，诸如辽宁盘锦、吉林敦化、黑龙江鹤岗、内蒙古鄂尔多斯等。在经济高速发展阶段，煤炭的巨大需求为资源型城市带来了经济的发展和充足的就业。但是随着经济转型，煤炭市场低迷，这些城市囿于经济结构单一、功能属性强等，经济持续发展乏力，"资源诅咒"理论在这些城市上得以验证。

单一的产业结构使得资源型城市患上"荷兰病"。当一个国家或者地区由于资源丰富，过于集中的劳动力和资本投入，挤占了其他行业的发展，经济学上就称之为"荷兰病"。我国的煤炭资源型城市正是面临着这种困境，典型特点是煤炭开采和洗选比例过大、产品加工链短、中间产品占比远高于最终消费品、高技术高附加值的产品竞争力较低。丰富的煤炭资源为这些城市带来了早期的繁荣，但是长期的挤占作用影响了产业的全面发展，制约了城市的经济转型。以黑龙江的"四煤城"与陕西铜川为例，在去产能政策的影响下，这些地区的其他产业也普遍萧条。

煤炭资源丰裕地区的产业扩张导致人力资本积累不足。单一资源型和资源丰富地区的人力资本积累内在动力普遍较低。因为与其他产业相比，煤炭资源型城市人力资本投入所得报酬率与其他产业相比存在较大差异，人们不愿意投入较多资源去提高自身的知识，因为无法取得相应的额外报酬。人们接受教育的意愿比较低，因缺乏知识导致创新程度也比较低。在当前知识经济时代，知识是推动经济增长的主要动力，这就使得原先的资源型城市优势变劣势。因缺乏早期人力资源的积累，加上对人力资源的挤出，在资源红利逐步退去后，人口外流和人力资本积累不足的弊端凸显，资源型城市难以维持经济的增长，甚至出现严重衰退。

"以煤兴城"的资源依赖型地区，转型替代产业发展不足。一个地区煤炭产业的繁荣一般是依靠地区煤炭资源禀赋，在煤炭资源好的地区兴建大型煤炭生产和开发基地。这样的地区一般产业单一性比较高，煤炭产业一家独大，导致该类型地区在当前煤炭转型背景下，经济转型压力大。在我国，这种类型的地区通常以培育新兴替代产业来实现当地经济转型，但是这种产业普遍集中于技术和资金密集型行业，比如新能源行业，这些行业还处于起步阶段，发展前景尚不稳定。同时，与原有的劳动密集型煤炭产业类型不匹配，难以利用以往产业优势。

资源型城市转型的微观基础是构成产业的每个企业的转型，但是囿于种种原因，煤炭企业转型压力巨大，缺乏战略性的转型规划。在煤炭企业的快速发展中，其长期以来的发展模式、企业文化、体制机制等都已经定型。在未来转型过程中，一些企业缺乏战略性的规划和思想，导致企业不知道如何去转型，损失了一些本得利益。同时，大多煤炭企业产业结构单一，非煤产业收入占比较低，盲目转型会造成企业在新的生产领域缺乏市场竞争力，甚至对企业的生存发展产生冲击。

小型煤企受资金和人才等要素制约难以转型，大型煤企轻易转型会产生

社会性风险。对于小型煤企来说，受去产能政策影响，可能产能处于被去边缘地带。这类企业在转型过程中技术和设备的更新更容易面临资金的压力。资金的缺少和人员文化素质的不高，加上高技术人才的稀缺，严重制约了企业转型，增加了风险。对于大型煤企来说，通常为国有上市公司，这种企业占比90%以上。国有煤炭企业在保收益、保利润的同时，还兼具着保稳定、保民生的社会责任。尤其是一些大型地方性国有煤炭企业，对于当地的财政和民生、就业十分重要。这些企业转型灵活度低，在转型过程中可能会面临一些社会性风险。

2.1.4 煤炭转型进程中的就业人口转移和安置

推动煤炭低碳转型，通过发展替代能源来逐步淘汰煤炭是构建清洁低碳、安全高效的能源体系的应有之义。但是，基于煤炭产业的庞大体量及其长久以来对经济发展的重大支撑作用，煤炭转型过程中会衍生出失业人员安置、劳动力岗位错配等问题。

（1）转型冲击就业，人员安置压力大 煤炭转型过程中，对煤炭生产和消费的总量控制会造成劳动力需求下降，进而对煤炭开采相关行业从业人员赖以为生的工作机会产生直接冲击。2018年我国煤炭行业规模以上企业的就业总规模大约为320万，伴随着未来煤炭的低碳转型和去产能工作的深入开展，需要安置接近百万的煤炭行业的冗余劳动力，这将带来巨大的社会压力和困难。未来安置煤炭行业淘汰从业人员的难度不断加大。通过企业转岗专业安置职工的空间逐渐缩小，而行业中有能力自谋职业的员工多已自寻出路，剩下的多为就业难度较大、技能较为单一、竞争力较弱的职工。目前煤炭企业受影响、待安置的职工平均年龄偏大，文化水平相对较低，技能单一，转型适应能力差，工龄长。以黑龙江龙煤集团为例，2016~2017年间关闭退出4个煤矿，共安置职工近8000人，其中40岁以上占74.5%、45岁以上占49.9%、50岁以上占20%，初中及以下学历占73.7%。此外，一些煤企职工对企业有感情和认同感，存在着较严重的心理依赖，不愿意离开企业。

（2）转型过程中的劳动力岗位错配问题 转型过程中劳动力岗位错配的

问题是基于我国实际情况产生的。在我国煤炭企业快速发展的年代中，一些企业并没有及时优化自己的管理结构，仍旧保持着官僚化和臃肿化的体制架构，导致现在竞争力不足。一线有技术的员工比较稀缺，拥有战略眼光的高层管理者不足，同时劳动技能低、老龄化的员工较多，使得行业内劳动力错配问题严重。在转型过程当中，一方面很多有技术、有知识文化的高级人才不愿意来充当企业新鲜的血液，另一方面老龄化、技能低的员工在转型中等待安置。这正是目前很多煤炭基地出现的劳动力短缺和大量人员待分流的现象。

2.2　煤电产业发展存在的问题

2.2.1　"存量大、机组新、效率高"的煤电机组短期难以退出

碳减排是煤电发展的一个重要性约束指标。巴黎协定提出低于 2℃并追逐 1.5℃的温控目标，欧洲各国政府已经为了达到这一目标相继提出了弃煤时间规划。在 2060 年碳中和的目标框架下，国际社会对我国控制温室气体排放、承担更大国际责任的要求和期待不断上升，我国未来碳排放空间进一步缩小。随着碳市场等碳定价政策逐步推进扩大，经济社会高质量发展对我国电力系统脱碳的要求日益紧迫。

基于我国特殊的资源禀赋和国情特点，需要客观看待各国实现能源低碳化转型的不同路径。欧洲煤炭储量有限且煤电机组老化，目前平均服役年限为 33 年。美国作为煤炭资源大国，燃煤发电机群的运行平均年龄已达 40 年，进入新老机组更替的高峰期。而我国 2019 年煤电总装机 10.4 亿千瓦，占全球总装机的 51.4%，总体呈现"存量大、机组新、效率高"的特征。对我国而言，存量和未来可能新增的先进煤电机组如何实现优化利用及科学规划布局，是关系能源革命和电力系统可持续发展的重大议题。

正视技术路径的锁定效应和发展惯性，短期内我国大量先进的煤电机组难以退出。传统能源发展路径与利用方式在能源电力系统转型中仍有较大惯性。2019 年我国煤电占总电力供应达到了 65%，导致在没有经济可靠

的大规模储能技术支撑的情况下，煤电的快速退出不仅会给相关企业造成高额的沉没成本与财务负担，更会对电力系统的安全与稳定构成威胁，并造成经济社会资源配置的低效率。碳约束条件下，煤电低碳化转型的压力正在逐步突显，先进煤电机组亟待清洁化和低碳化利用，以平衡我国未来发展中对可负担的能源电力供应及环境可持续发展的双重要求。煤电机组的运营模式亟待发生巨大变化，迫切需要新技术创新和突破，以适应外部环境变化。

2.2.2 煤电产能过剩及相关企业持续性亏损

随着经济发展进入新常态，电力需求增速放缓，我国进入相对电力过剩时代。但是随着我国提出的关于有序发展煤电的相关政策措施落地，产能过剩的风险已经得到一定的控制，并将随着政策的不断实施逐步降低。同时，在短期内我国电力过剩的风险仍将存在，高耗能火电机组仍将占据一定比例。煤电产能的继续增加将进一步加剧煤电行业内部的竞争和经济性风险，并给长期的社会经济可持续发展带来负面影响。另外，由于电力系统的变化，保障电力稳定供应的煤电运行小时数在下降。煤电运行小时数低位徘徊，企业受"高市场煤、低市场电及计划电"价格的"两头挤压"大面积亏损。

根据中国电力企业联合会数据，2017年，全国规模以上火电企业实现利润207亿元，同比下降83.3%；五大发电集团火电业务亏损132亿元，继2008年后再次出现火电业务整体亏损。2018年，火电亏损进一步扩大。国务院国有资产监督管理委员会文件显示，截至2018年12月末，华能、大唐、华电、国家电投和国家能源集团五家涉及煤电的央企累计亏损379.6亿元，平均资产负债率88.6%。在分析煤电企业亏损时，不能忽略中国电力市场存在的价格信号不完整问题。从2020年1月1日起，国家将煤电联动机制替代为"基准价+上下浮动"的市场化机制，并规定当年电价暂不上浮，尤其是工商电价暂不上浮。可以看出，短期内市场电量需求增速较缓，煤电企业势必为了拿到更多的市场份额压低电价，扩大让利幅度，使其经营困难局面一段时间内难以改变。一方面是电价只能降不能涨，另一方面是煤电企业对煤价话语权薄弱，在煤价博弈方面处在天然劣势，煤电企业经营面临两难。

2.2.3 未来煤电机组运行面临功能定位和技术性挑战

可再生能源的大规模发展是新一轮能源与电力系统变革的必然趋势，而风光等可再生能源波动性、间歇性电源的大量发展和接入，给电力系统稳定性和安全性带来严峻挑战。从电力系统的平衡角度看，在现行储能技术还未实现大规模工业化生产之前，电力系统的调峰主要依靠煤电。随着可再生能源发展，这些机组不但不具备调节能力，还与用电负荷形成负相关趋势，需要调峰机组为其服务。目前我国最大峰谷差约为最高负荷的 25%，而风电、光伏等占电源结构的 18.9%，电力系统的调峰需求达到 40% 以上。除 3000 万千瓦的抽水蓄能机组、常规水电（需要满足水库运行约束要求）进行部分调节外，目前主要还需要依靠煤电调峰。

随着电源结构调整中可再生能源发电占比的增加，电力系统对灵活性电源需求不断提高，煤电机组未来需要担当基荷和峰荷等多重功能，需要深度参与系统调峰、调频、调压和备用等电力辅助服务。目前国内火电机组无论是调峰深度、变负荷速率还是快速启停能力都与丹麦、德国、美国等国家有一定差距，这也意味着未来煤电灵活性改造有很大的空间与潜力，需要加快灵活性改造满足调度灵活性要求。虽然煤电清洁高效发展取得了长足的进步，但依然存在短板，如灵活性不足、低效机组拖累、落后机组减排效果不达标、自备电厂僵局等。面对未来大规模可再生能源接入的电力系统，煤电机组定位调整要切实根据不同地区的电力供需状况和主要矛盾、煤电机组装机规模预期、可再生能源发展与替代潜力、灵活性改造要求与电源结构优化潜力等，结合煤电机组自身特性做出差异化决策。

2.2.4 当前电力市场改革未对煤电转型产生合理激励效应

煤电高质量发展的首要任务是要保障近期"十四五"和"十五五"时期的电力需求和供应安全，同时也要为可再生能源高比例发展留足空间，并在电力市场环境下结合自身竞争优势找准功能定位和盈利点。就满足电力需求与能源生产和消费革命的双重要求而言，要破解气候变化背景下的煤电高质量发展难题，需要客观把握电力需求的近期动态与中长期趋势，并对能源生产和消费革命要求下的电力低碳目标与转型路径进行系统全面判断，这一方面决定了煤电的发展空间上限，另一方面也在可再生能源高比例发展场景下对煤电功能定位提出了新的要求。

目前我国电力市场改革中对提供灵活性调节性服务电源的激励机制不完善，传统管理体制下煤电机组缺乏动力主动提供调峰、调频服务。不完善的电力市场体制和电价机制阻碍煤电的技术变革和降低煤电的市场化生存能力。在电力市场化改革进程中，煤电产能富余、煤电价格逐步脱钩、发电小时数低位徘徊等问题更加突出，煤电企业受高市场煤、低市场电及计划电价格的"两头挤压"，出现大面积亏损，煤电企业经营效益显著下滑。由此，深化体制机制改革，保障煤电向电力系统提供基础电量和灵活调节能力，探索煤电合理盈利模式，实现煤电的基荷与辅助功能的有效互补迫在眉睫。

2.3 煤化工产业发展存在的问题

2.3.1 碳约束下煤化工产业的战略定位模糊

当前世界能源格局正处在重塑阶段，地缘政治的复杂性为油气进出口带来了较多不确定性。我国油气对外依存度高的严峻局面短期内不会发生根本性转变，所以现代煤化工为我国能源战略安全提供了一条具有中国特色的现实路线。我国特有的能源禀赋、结构及供需关系决定了煤化工产业的战略性定位。然而，目前煤化工产业仅仅作为战略储备产业进行发展，总体战略定位较为模糊。

产业发展不能一蹴而就，需要尽快发展到一定规模，实现战略的动态储备。现代煤化工生产的终端化工产品在一段时间内具有需求刚性特征，在新型替代材料研发尚未取得突破和传统工艺流程未发生革命性颠覆前，现代煤化工产业的发展仍然是保障能源供给安全的现实之需和构建清洁、低碳、安全、高效的现代能源体系的应有之义。然而，国内对煤化工技术和项目储备的战略意义认识不够，对于未来发展规模及产能布局仍未出台明确性规划。

2.3.2 碳减排的外部紧约束减弱产业竞争力

适度发展煤炭深加工产业是保障国家能源安全和推进煤炭高效清洁利用的重要手段之一。然而，煤化工行业发展路径面临着强碳排放约束。产生大量高浓度的二氧化碳的煤制油、煤制气和煤制烯烃等关键煤化工行业将成为减排的重要对象。国家能源局关于煤化工原料用煤不计入煤炭消费总量控制中的否定答复，表明未来针对煤化工企业煤炭消费及碳排放的约束将进一步增强。

现代煤化工项目由于规模较大会产生大量碳排放，因而面临着较为严峻的碳减排压力。煤制烯烃、煤制芳烃、煤经甲醇制油、煤间接液化等现代煤化工 CO_2 排放量明显高于焦炭、半焦、电石等传统煤化工产品生产过程中的 CO_2 排放。此外，随着煤炭转化程度的加深，其 CO_2 排放量也会增加。在"30·60"目标的约束下，未来现代煤化工产业碳排放标准将日趋严格，从而倒逼企业加大节能减排设施和技术的投入，导致产品成本提高，影响产业的整体竞争力。煤化工企业将承受相应的高额碳减排成本，一些无法达到碳排放限值要求的企业将可能被关停或整合，现代煤化工的行业布局将发生变革。此外，全面开展碳交易市场将推动能源企业调整投资方向，加大对低碳能源的投资力度，现代煤化工行业会面临投资少、融资难等外部紧约束。

2.3.3 环境污染问题制约产业高质量发展

水资源匮乏和高盐水处理成本高是制约煤化工产业发展的关键因素。由于涉及深度转化煤炭的工艺流程，现代煤化工的耗水量整体高于传统煤化工。合成气处理和深加工过程是水耗的主要来源环节，例如高温的煤气化合成气需要逐步冷却，其下游通常会设置耗水多的废热锅炉或余热锅炉。尽管现代煤化工项目技术和管理水平持续优化，单位产品耗水量显著降低，但项目总用水量仍较大，且项目废水处理难度和成本逐年增加。目前对于废水处理的工艺主要有两种，一种是通过蒸发过程浓缩结晶，另一种是通过蒸发池自然结晶。但上述废水处理工艺都存在运行稳定性差且投资高的问题，可能增加企业的财务压力。而我国煤炭资源丰富的地区往往是水资源紧缺的中西部地区，在这些地区进行现代煤化工产业的布局，实现产业的规模化、集约化发展将会加剧这些地区水资源供应紧缺的矛盾。此外，国家对水资源"三条红线"全面管控，向煤化工水资源获取及废水排放提出更高要求。

现代煤化工产业紧邻煤炭坑口布局，所在地区工业基础薄弱，生态脆弱，环保总量指标匮乏。随着我国环保要求日趋严格，煤化工项目审批和运行面临着环境容量等方面的制约，偏高的环保处理成本减弱产业发展的竞争力。目前煤制油项目执行国家最严格的环保要求，实施超低排放并且没有获得相关补贴，环保成本进一步增加。根据实地调研结果，对百万吨级煤制油项目，实施烟气超低排放，挥发性有机物治理、废水零排放等每年将新增运行成本（含折旧）1.5亿～2亿元，吨产品成本增加150～200元。煤化工行业作为高排放行业，对环境保护政策非常敏感。随着国家节能环保政策力度的加强，煤化工发展也将面临着越来越严格的资源环境约束。

2.3.4　高额油品消费税严重影响产业生产经营效益

高额的油品消费税正在压缩着现代煤化工行业的发展空间和竞争力。油品消费税设立的初衷是基于能源安全的维度考虑，抑制国内成品油消费。以保障能源安全为核心目标的现代煤化工企业不应被征收高额的油品消费税。然而，目前煤基柴油、石脑油吨产品完全成本中，综合税负占比分别超过39%和58%，总体税负接近销售收入的40%。过重的税负严重影响企业的生产经营活动和经济效益，制约煤制油行业的创新发展和示范项目的可持续推进。国家的高额消费税政策影响了煤化工企业经济效益，不利于整体行业健康发展。如果适当调整消费税政策，行业将迎来重大转折。

2.4 工业用煤发展存在的问题

（1）**钢铁行业将面临更加严格的环保约束** 十九大明确提出，生态文明建设是千年大计，其目的是让中华民族能够实现永续发展。为了加强生态文明建设，中国"十三五"规划对全国万元国内生产总值（GDP）和能源消耗总量实行"双控"考核，单位 GDP 能耗比 2015 年下降 15%，能源消费总量控制到 50 亿吨标准煤。具体到钢铁行业，2019 年 4 月，生态环境部与其他五个部委联合发布《关于推进实施钢铁行业超低排放的意见》，该文件不仅对钢铁产业提出了末端处理后的超低排放指标，同时也加强了全过程、全系统、全产业链的污染控制要求，其中一些生态环境保护目标是目前全球钢铁行业中最严格的。此外，《产业结构调整指导目录（2019 年本）》在"限制类"中调整了对相关冶炼设备的环保、能耗、安全等标准要求，在"淘汰类"中明确提高了部分环境敏感地区落后装备的标准。2060 年碳中和的目标将环境保护提到一个更高的位置。在环保总体政策"只严不松"的背景下，钢铁行业将面临更严格的环保要求和监督。

（2）**污染物排放量大，不锈钢污染严重且产能过剩** 国家统计局数据显示，2020 年全国生产生铁 88752 万吨，同比增长 9.66%；粗钢产量 10530 万吨，同比增长 5.69%。然而钢铁作为工业排放大户，2017 年，黑色金属冶炼和压延加工业 SO_2、NO_x 和颗粒物排放量分别为 82.31 万吨、143.42 万吨和 131.12 万吨。不锈钢生产以废钢为原料，冶炼过程需加入氟化钙（萤石）以加强钢水流动性。因此，不锈钢生产将得到含有铬、锰、镍、氟等有毒物质的冶炼渣。由《关于推进钢铁行业绿色高质量发展的建议》一文可知，每吨不锈钢将产生固废危废约 500 千克，总量可达千万吨。该水平至少相当于钢铁行业其他钢铁产品生产加工过程产生危废的总和。国外因其产生危害较多，因此常出现不锈钢生产增量不足的情况。然而 2019 年我国生产了 2940

万吨不锈钢，产量占比为全球总量的 50%，且规划和在建中的产能还在持续增加。

（3）**外部约束导致建材水泥行业不确定性上升**　　建材水泥行业作为能源消费和碳排放大户，在降低能耗的调控目标下，工信部等部门多次强调严禁新增水泥产能，水泥、玻璃、陶瓷等建材企业的错峰生产逐渐常态化。《钢铁行业产能置换实施办法》和《水泥玻璃行业产能置换实施办法》的出台，再次强调了保持水泥错峰生产政策的连续性。2020 年夏季，晋冀豫蒙等地集中实施错峰生产，同时应环保管控要求将追加错峰检修 15 天。此外，为了实现蓝天保卫战的胜利，各地的环保排放标准陆续提高。为此，部分企业需要关停生产或进行技术升级改造，生产经营成本进一步增加，这些因素导致行业的不确定性增加。特别是部分企业无视错峰生产规定，恶意扩大产量，抢占市场份额，阻碍了错峰生产政策的落实。

（4）**原料价格上涨严重影响企业生产经营效益**　　2020 年下半年以来，煤炭价格持续上升，导致用煤大户建材行业的生产成本持续上升。但是，建材行业并没有将生产成本转移到价格上，部分建材价格不升反降，严重影响了企业的经营效益。特别是水泥行业，由于夏季是水泥销售淡季，原材料成本上涨无法继续传递，煤炭水泥价格比超过 2。各地政府为完成全年能耗双控指标陆续出台"拉闸限电"政策，这使得高耗能水泥产业的生产运营再遭打击，吨水泥毛利一度降至 2015 年水平。未来建材行业的煤炭议价能力和生产成本传递能力得到有效改进，企业的生产经营效益将得到改善。

2.5　散煤治理存在的问题

通过指定重点地区和试点城市，散煤治理目前已过了"十三五"的关键时期。然而，行政手段和密切监督主要用于工业领域的散煤治理，在民用领域的清洁供暖改造工作由于对政府补贴的严重依赖，尚存在系列问题有待解决。随着散煤治理在工业和民用领域的横向拓展和纵向深化，目前相关工作已进入"深水区"，存在的问题主要包括：重点地区对工业散煤进行进一步治理的空间有限，清洁供暖成本与居民经济可及性之间的不平衡，以及财政压力增大补贴政策退坡等。一方面，如何确保和巩固散煤治理的现有成果，防止返烧散煤；另一方面，如何继续深化民用领域散煤，在经济性、节能减排效果和易用性方面走可持续发展道路，是目前散煤治理面临的突出问题。

（1）**散煤替代能源的持续稳定供应是清洁供热的根本前提**　散煤治理过程中清洁供热大规模改造可能会带来天然气等清洁能源供应的巨大压力。一是冬季供热基础设施建设落后，难以大规模推广集中供热。二是调峰储气基础设施建设进程缓慢，季节性天然气峰谷差异大，存在季节性供暖用气缺口。三是部分地区电力基础设施建设薄弱，对电网进行改造存在较大投资需求。对于经济欠发达地区，难以实现短期内的电网大规模改造。此外，清洁供暖还必须考虑供热网络传输效率和建筑隔热保温效果的提升。

（2）**平衡居民采暖支出承受水平和清洁采暖成本也需要着重考虑**　"煤改电"和"煤改气"后，清洁采暖成本将上升3～4倍。据统计，尽管有政府补贴，91.5%的用户在实现"煤改电"后其采暖费用的增幅在250～3000元之间。据测算，在实现"煤改电"和"煤改气"的39个试点城市（不含4个区、市试点城市）中，天然气采暖支出平均增长了56.3%，电采暖支出平均增长89.3%。由于农村用户的收入水平往往低于城市用户，在实现清洁采暖后，其对清洁采暖支出的承受水平也相对更低。

（3）**建筑节能是降低取暖成本的有效措施，但重视程度和推广力度不足**　从用于建筑节能的资金投入角度来看，各省建筑节能改造在城市区域投入较多，而农村地区投入相对较少。"十三五"期间，部分地区进行了建设节能的有效尝试，在"热源侧"和"用户侧"双管齐下，有效降低了取暖运行费用。例如，河南省鹤壁市在农村清洁取暖推进过程中，积极开展农房建筑能效提升。将农房分门别类，通过技术优化组合，确保改造效果达标，根据建筑所处的不同地形，设计了平房、瓦房、楼房和联排农房等30多种节能改造模式。通过建筑改造能有效提高建筑热工性能，降低采暖能耗和采暖运行费用 30% 以上。

（4）**财政补贴退坡，散煤返烧风险加大**　2017～2019 年这一时期内，为推动散煤采暖治理，超千亿元的财政补贴支出被用于支持清洁取暖改造。该项财政补贴的有效期限为三年，中央财政补贴退出后的剩余部分将由地方财政自行解决。中央财政补贴不可持续，补贴退坡已是大势所趋，由此带来的散煤返烧风险也会随之出现。此外，居民的承受能力与居民收入水平直接相关。当前，新冠疫情对国家经济、地方财政、失业率和居民收入的影响，势必会加大清洁取暖补贴的支出压力，增加居民散煤返烧意愿。

（5）**清洁取暖方案的合理性以及用户体验也是散煤返烧的重要影响因素**
在清洁取暖试点城市建设初期，有些地方出现"跃进式"改革、"插花式"实施、概念性推广等现象，与"先立后破，不立不破"相违，与"统筹谋划，科学布局"的指导思想不符。这就直接导致政策的执行过程走样，使得清洁采暖改造的效果大打折扣，更严重的甚至对群众过冬保暖产生严重负面影响。有个别地区在开展清洁采暖改造的过程中盲目追求数量，而忽视了改造质量和采暖效果，反而影响了民生用暖的根本需求。

（6）**清洁取暖改造工程可持续发展动力有待增强**　目前清洁采暖改造行业的发展现状不容乐观。一方面由于改造补贴往往存在延迟发放的问题，部分地区的补贴甚至还未完全拨付到位。企业在参与清洁采暖改造项目的过程中可能还要先行垫付资金，造成项目回款慢，导致企业现金流存在不小压力，给企业经营带来不利影响。另一方面，由于清洁采暖改造施工和设备供应行业门槛较低，市场竞争程度较高，在政策红利的刺激下各类企业一拥而上，采取价格战策略，低价中标现象较为普遍。成本的压缩导致服务质量和设备配置的进一步降低，为清洁采暖改造的效果增添阴影。而在未来，当清洁采暖改造向施工难度更大的偏远地区推进时，改造所需投入和成本将更大，这也为未来清洁采暖改造项目能否顺利推进增加了不确定性。

（7）**安全隐患、后期运维等是散煤返烧的潜在影响因素**　当前部分清洁取暖项目在施工过程中存在种种不规范的现象，如施工单位资质不足、手续不齐，施工过程技术标准不达标，施工计划混乱等。此外，农村地区建筑布局不合理、建筑耐火等级低、消防基础设施匮乏、灭火力量薄弱、燃气安全管理人员普遍不足。此外，农村居民普遍安全意识薄弱，存在翻新房屋时，不提前与燃气公司联系，私自随意改动燃气管道，甚至在使用过程中存在私接软管、不关阀门的现象。这些都将构成清洁取暖的安全隐患，影响清洁取暖工作的可持续推进。

**Toward Carbon Neutrality:
Optimization of
China's Coal-based Energy Industry**

碳中和下中国煤基能源产业优化发展

第3章
碳约束下的煤基能源发展与减排技术潜力

3.1 碳约束下的能源发展趋势
3.2 碳约束下 CCUS 技术的发展优势
3.3 全球 CCUS 技术发展现状
3.4 中国 CCUS 发展潜力预测

3.1 碳约束下的能源发展趋势

煤基能源的可持续利用对于保障我国经济发展和保障能源安全起到压舱石和稳定器的作用。根据 BP 发布的《世界能源统计年鉴 2021》，我国 2020 年煤炭储量位居世界第四，共计 1431.97 亿吨。2020 年我国煤炭产量位居世界第一，约为 39 亿吨，贡献了全球总产量的半数以上。在消费量方面，2020 年我国煤炭消费总量约为 39.6 亿吨，同样位居世界第一，在全球消费总量中的占比为 54.3%。在储量、产量和消费量方面，煤炭均是我国位居首位的化石能源资源。自改革开放以来，煤基能源为 40 余年的经济高速发展提供了基础能源保障，是国民经济发展重要的支撑产业。在 2012 年以前，煤炭在一次能源结构中的比重长期在 68% 以上。

煤炭在能源结构中占比过高不可避免地带来一系列环境问题，造成经济增长与排放控制之间的矛盾。从行业能源消费碳排放角度来看，电力、交通和工业是我国碳排放比较集中的三大行业，其碳排放在总排放中分别约占 41%、28% 和 31% 的比例。根据已有研究报告测算，目前中国化石能源消费所产生的碳排放总量约为 100 亿吨，其中约有 75% 的碳排放源自煤炭消费。近年来我国煤炭消费总量有所下降，但 2020 年煤炭消费占我国一次能源消费结构的比例仍高达 56.8%。我国的城镇化和工业化预计在 2030 年前仍处于发展阶段，因此未来一段时间内能源消费总量继续上升的基本态势可能不会发生大的变化。由于能源消费和经济增长尚未脱钩，改变能源结构以煤为主的基本情况亦非一日之功，加之新能源对煤基能源实现大规模替代也是无法一蹴而就的渐进过程，因此，在未来的一段时期内，煤炭消费总量预计仍将维持较大规模，而煤炭作为重要能源和工业原材料的局面也难以发生颠覆性的扭转。

在"30·60 双碳"目标和高质量发展等新发展理念的要求下，中国煤基能源体系在低碳绿色可持续发展方面将发生深刻变革。我国争取做到 2030 年碳达峰和在 2060 年前碳中和的承诺，既体现了我国在全球气候变化协同治理中的大国担当，也为我国煤基能源体系绿色低碳发展提供了指南针和时间表。虽然在今后较长时间内，煤炭仍旧是我国保障能源底线的重要化石能源，但不可回避的是，作为高碳能源，控制煤炭消费总量、降低煤炭消费排放强度，是碳排放控制工作的重中之重，关乎"30·60双碳"目标能否顺利实现的大局。同时，未来能源结构的发展趋势也决定了相关企业、行业以及政府相应策略的转变方向。

3.1.1 能源结构发展趋势

发达国家的能源发展历程显示，能源需求随着工业化、城镇化过程呈现增长趋势，在基本完成工业化、城镇化后达到能源消费峰值，能源消费强度也呈现先升后降的趋势。中国长期以煤炭等化石能源为主的能源结构不仅造成了严重的大气污染等生态环境问题，还导致了能源领域的二氧化碳排放量持续增加。考虑到中国已进入工业化、城镇化中后期阶段，各行业技术正在加速向世界一流靠拢，能源使用效率渐渐提高。但是，日益趋紧的碳减排压力仍要求中国必须加快能源结构转型步伐尤其是能源消费结构转型，以实现经济社会的可持续发展和"双碳"目标的达成。

在碳约束情况下，未来我国能源消费总量将持续增长，能源消费结构逐步改善，煤炭消费占比下降。国家发改委能源研究所分4种情景预测了我国未来的能源消费结构发展趋势。在情景设计时，按照减排技术采纳和政策力度指标，设置了政策力度依次递增的4种情景：政策情景、强化政策情景、2℃情景和1.5℃情景。结果表明，4种情景下，从消费总量来看，能源消费总量持续增长，年均增幅大幅下降；从消费结构的角度出发，中国的能源消费结构呈现不断改进的趋势，表现为非化石能源的总量保持增长的同时，化石能源结构逐步优化，见表3-1。具体来看，中国能源结构的变化趋势为：非化石能源将在能源消费结构中逐渐占据主导地位，在强化政策情景和2℃情景下，2030年的非化石能源消费占比将达到29.8%和39.7%；到2050年，非化石能源消费占比为64.8%和75.6%。此外，传统能源消费结构中，天然气消费比重增加，煤炭消费占比逐渐下降。由此可知，未来中国的能源消费结构将面临大幅度调整。

表 3-1　4 种情景下能源结构描述

能源结构	年份	政策情景	强化政策情景	2℃情景	1.5℃情景
能源消费总量/亿吨标准煤	2030	60.7	59.7	55.2	54.1
	2050	57.9	50.0	50.8	49.7
煤炭消费总量/亿吨标准煤	2030	39.8	34.0	25.2	22.7
	2050	27.7	8.5	5.0	5.0
非化石能源消费占比/%	2030	25.0	29.8	39.7	41.7
	2050	45.4	64.8	75.6	76.0

注：数据来源于国家发改委能源研究所。

能源结构的大幅度调整，将使我国能源安全面临不确定性和付出高昂的成本。强化政策情景下，通过快速能效进步、积极电气化、高比例可再生能源和碳定价途径实现碳中和；在 2℃情景下，通过快速深度电气化、氢能利用、快速高比例可再生能源和更高碳定价途径实现碳中和。这两种方式实现碳中和面临的主要问题是：在化石能源逐渐退出时，可再生能源能否有效满足经济发展的能源需求。即使这些途径可以实现碳中和目标，也面临昂贵的代价：首先，这两种情景均要求化石能源消费占比快速下降，这意味着化石能源企业面临能源储量资产减值或煤电等化石能源发电厂面临提前停产，导致行业资产搁浅。其次，石油化工、金属冶炼等高碳排放行业也面临着严格的排放政策约束，导致成本上升和盈利能力下降。这些因素导致能源行业面临的金融损失大幅增加，行业金融风险加剧，引发一系列的经济社会问题。1.5℃（CCUS）情景实现碳中和目标的可行性更高。相对于 2℃的目标，中国在 2050 年时的碳排放下降要比 2010 年同比增加 15%，这意味着对中国来说达到碳中和的时间相比 2℃目标需要提前大约 15 年，这对于中国的能源结构改变和减排技术提出了更加巨大的挑战。

3.1.2　电力结构发展趋势

电力部门是中国能源低碳转型的关键部门。我国电力部门每年消耗全国约 50% 的煤炭，占能源相关排放量的 40% 左右，因此，其需要在 21 世纪中叶率先实现碳中和乃至负排放，转型的主要趋势是高比例可再生能源电力代替煤电。

为了实现"30·60 双碳"目标，未来我国电气化程度将显著提高，电力需求总量不断攀升，可再生能源将逐步取代火电成为主力电源。为探究中国电力需求的变动趋势，清华大学预测了 4 种情景（情景组成与 3.1.1 节相同，此处不再赘述）下电力需求总量发展趋势和电源装机容量及其结构发展趋势，具体结果见表 3-2 及表 3-3。由表 3-2 可知，4 种情境下，未来电力需求和装机容量存在明显的差异。电力是未来能源系统的核心，电力行业实现碳中和目标对于能源系统至关重要。其中，电气化对能源低碳转型至关重要。特别是在 1.5℃情景下，2050 年中国电力需求为 14.68 万亿千瓦·时。这意味着电力供给面临严峻的挑战，需要扩充电力装机容量。此外，未来中国电力总装机容量和煤电装机容量变化趋势存在明显的差异，煤电装机容量会逐渐下降，非化石能源装机比重将大幅度提升。由表 3-3 可知，在强化政策情景下，2025 年全国火电装机容量占比仍为 45.3%，煤炭仍为主要的发电能源，2050 年占比则仅为 11.7%。相较于强化政策情景，在 2℃/1.5℃情景下火电装机容量有所下降，2025 年非化石能源装机容量占比为 56.9%，2050 年非化石能源装机容量占比则高达 91.2%。

表 3-2 4 种情景下电力需求及装机容量预测

类型	年份	政策情景	强化政策情景	2℃情景	1.5℃情景
电力需求/万亿千瓦·时	2030	9.54	9.54	9.66	11.01
	2050	12.30	12.30	13.10	14.68
总装机容量/吉瓦	2030	2547	2809	2844	3517
	2050	4465	4617	5685	6666
煤电装机容量/吉瓦	2030	1044	992	1015	992
	2050	651	544	108	35
煤电 CCS 装机容量/吉瓦	2030	0	0	0	0
	2050	0	0	0	230

注：数据来源于清华大学。

表 3-3　中国 2025 年和 2050 年发电装机规模及结构

单位：万千瓦·时

电力种类	年份	政策情景	强化政策情景	2℃情景/1.5℃情景
水电	2025	38000	38608	38608
	2050	50000	53255	53255
火电	2025	126000	115032	116836
	2050	88000	63148	59721
核电	2025	8000	7000	6622
	2050	18000	11000	10000
风电	2025	39605	40042	50715
	2050	110200	192199	253601
太阳能	2025	40833	48684	53464
	2050	140833	213453	300279
生物能	2025	4500	4586	5142
	2050	5000	5375	5471

注：数据来源于清华大学。

煤电机组的快速退出使相关投资面临严重的"资产搁浅"风险和资源浪费问题。不难发现，上述四种情景均要求可再生能源发电达到相当规模。由此，一方面，为了提升清洁能源电力的比重，大力发展风电和光伏，推动煤电去产能，即煤电必须给风电和光伏让路；另一方面，为了推动工业生产低碳减排，煤电去产能成为各级政府完成环保任务的重中之重。这导致我国现役大部分煤电机组需要提前退役，平均服役时间严重低于设计寿命。尽管煤电产业为了适应政策大环境，开始进行超低排放改造，但是未来严控煤电项目、关停煤电机组的趋势不会改变。特别是在以"上大压小"的政策为主导之下，大多数煤电机组还没有达到服役期限就已关停。这其中有些机组并非是落后产能，相反是服役时间较短、技术路线和环保装置非常先进的机组，这将带来投资的严重浪费。在 2℃情景下，煤电机组平均退役年限为 22～29 年，煤电机组提前退役导致经济损失约为 1048 亿元。假设把目前服役的煤电机组寿命延长 10 年，能够满足延长寿命条件的机组规模约 3300 万千瓦，那么将会节约全社会投资约 1100 亿元❶。

3.1.3 能源基础设施投资发展趋势

在联合国提出的 17 个可持续发展目标（SGDs）中，关于工业、创新以及基础设施的 SGD 9 指出，对于基础设施和创新的投资是经济增长的关键驱动力。中国的基础设施建设自改革开放以来取得了显著成就，有力支撑了经济社会发展。从能源基础设施来看，经过多年建设发展，中国工业生产和居民生活告别了拉闸限电，取得了全面解决无电人口用电问题、大中城市天然气推广使用覆盖超过 90% 等一系列成绩，但仍有广阔的发展空间。传统能源基础设施直接和间接导致的大气污染物和温室气体排放体量庞大，且煤、油、气、电等不同能源品种需要构建不同的能源基础设施体系来支撑。随着能源转型的不断推进，能源基础设施将随之出现新的变化。

未来我国能源基础设施投资将有显著增加，且投资结构以新增投资为主。清华大学、国家发改委能源研究所等研究表明，为实现碳中和目标，我国在能源供应、工业、建筑、交通等领域低碳投资总需求在 2020～2050 年间会达到 170 万亿元，能源相关基础设施投资规模会达到 100 万亿元以上。国家发改委能源研究所进一步对我国未来不同情景下能源基础设施的投资总量及其结构进行了测算，测算结果见图 3-1 和图 3-2。结果表明，从能源基础设施投资总量来看，4 种情景下，2020～2050 年累计能源基础设施投资需求从 55 万亿元逐步攀升到 150 万亿元，1.5℃情景下的能源基础设施投资需求是政策情景下的约 2.7 倍。从能源基础设施投资结构来看，将相关投资分为新增投资、存量改造投资和资产搁浅，结果表明，不同情景下能源基础设施投资均以新增投资为主，且随着碳排放约束趋严，新增投资与存量改造投资均将呈上升趋势。其中，4 种情景下新增投资从 54.5 万亿元增加至 124.3 万亿元；从政策情景、强化政策情景到 2℃情景，存量改造投资从 3200 亿元小幅上升至 5700 亿元，而在 1.5℃

---

❶ 数据来源于中电联《煤电机组灵活性运行与延寿运行研究》。

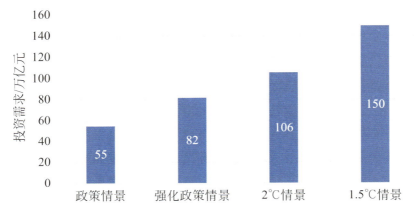

图 3-1 4 种情景下 2020～2050 年能源基础设施投资总量

图 3-2 4 种情景下 2020～2050 年能源基础设施投资结构

情景下,存量投资飙升至 24.49 万亿元,部分煤电机组的封存备用还将带来 13 万亿元的资产搁浅规模。

能源系统清洁化转型将在极大拉动相关能源基础设施投资的同时,带来已有能源基础设施的处置难题,使能源基础设施资产面临搁浅困境。随着能源结构调整进程的加快,2030 年后煤炭基础设施体系将出现一定程度的运力闲置,届时瓦日、唐呼等投运不足 20 年的高成本煤运通道将面临资产搁浅的风险。因此,在能源系统和电力系统清洁低碳化转型的大背景下,为了避免"资产搁浅"现象的大规模出现,能源基础设施投资必须做出相应调整。

3.2 碳约束下 CCUS 技术的发展优势

3.2.1 煤基能源产业结合 CCUS 技术的必要性

在"双碳"目标约束下，能源结构转型、电力结构转型和能源基础设施的高效率投资均要求我国尽快开始配套实施减排技术。目前，减排手段从根本上可分为三类：减少生产、能源替代、负排放技术。然而，生产的减少势必会影响我国经济增长的速度，作为一个发展中国家，经济发展是重中之重，不能完全以牺牲经济来实现碳减排目标；以低碳清洁能源替代高碳化石能源是能源系统转型的目标，但转型步伐应与调峰、储能等技术发展水平相适应，不可急于求成，否则将对我国经济发展和社会稳定造成巨大冲击；负排放技术可以在不对经济活动和能源系统产生重大冲击的前提下将生产生活过程中产生的二氧化碳进行回收，助力我国实现碳中和目标。

负排放技术包括碳捕集、利用与封存（CCUS）、直接空气捕集（DAC）、生物质能碳捕集与封存（BECCS）等。然而，按照当前的研究，除 CCUS 外，其他负排放技术经济成本较高且技术成熟度较低，可大规模商业化应用的时间较晚，如 DAC 技术在 2050 年才可以商业化应用，难以保证碳中和目标的实现。CCUS 技术主要指把 CO_2 从工业生产中剥离并直接封存地下或者进行二次利用，来达到 CO_2 减排的目标。其技术流程包括从燃料燃烧或工业生产过程中捕获 CO_2，紧接着通过船舶、管道或公路进行运输，并将 CO_2 用于创造有价值的产品或将其永远存储在地质构造的地下深层中。无论从国际经验还是国内研究来看，CCUS 都是实现我国"双碳"目标的最佳选择。

CCUS 技术能够实现化石能源利用产生 CO_2 的近零排放，被认为是未来最有可能填补能效和可再生能源技术减排缺陷的技术。国际各大机构对于 CCUS 技术在全球碳减排中的定位都趋于乐观，认为 CCUS 是目前减排困难的工业部门和化石能源使用难以替代的行业最重要的除碳技术。如表 3-4 所示，IEA（国际能源署）的报告指出，若要实现 2℃和 1.5℃的温升目标，CCUS 的累计减排贡献分别可达到 14% 和 32%。IEA 的可持续发展情景中假设能源部门在 2070 年达到净零排放，而 CCUS 将提供总共 15% 的减排效果，2030 年和 2070 年年平均捕集量分别达到 57 亿吨及 104 亿吨 CO_2。IPCC（联合国政府间气候变化专门委员会）SR15 报告指出在短期内不大幅度降低能源需求，不影响收入和就业的增长的前提下，如果没有 CCUS，减排成本增加幅度预估将高达 138%。美国国家石油委员会（NPC）的报告指出，在 2℃的情景下，如果将 CCUS 排除在减排技术组合之外，将导致成本翻倍，到 2050 年的时候 CCUS 大概能提供 9% 的全球 CO_2 总减排量。美国能源技术实验室（NETL）和麦肯锡咨询（Mckinsey）指出，CCUS 将从现在每年提供 5000 万吨 CO_2 减排量提升到 2030 年至少提供 50 亿吨减排量，大约占现在年 CO_2 总排放的 1%。

表 3-4 不同机构关于 CCUS 技术减排贡献度的评估

机构	减排贡献估计	定位	情景
IEA	2070 年总减排的 15%	去碳/生产低碳氢/煤基行业深度减排	净零排放/SDS
	2℃目标下 14%，1.5℃目标下 32%		2℃/1.5℃
IPCC	无 CCUS 减排成本增加幅度将高达 138%	去碳/生产低碳氢/煤基行业深度减排	2℃/1.5℃
NPC	2050 年总减排的 9%	去碳/煤基行业深度减排/煤化工	2℃
NETL 和 Mckinsey	2030 年完成 50 亿吨 CO_2 捕集	去碳/煤基行业捕集/碳利用	1.5℃

煤基能源产业开展 CO_2 减排是未来推动实现碳中和的重要途径，而 CCUS 技术是煤基能源产业低碳绿色发展的重要选择，煤基能源产业与 CCUS 协同发展的潜力和市场空间巨大。与 CCS（碳捕集和封存）相比，CCUS 可以将 CO_2 资源化，能产生经济效益，更具有现实操作性，是未来中国履行"碳中和"承诺、保障能源安全、构建生态文明和实现可持续发展的重要手段。在气候目标约束和现有能源结构条件下，煤基能源同 CCUS 技术保持着相互依存、协调互补的关系，且有其必要性。CCUS 技

术与煤基能源产业的协同发展，将有效增强我国实现碳中和目标的经济性，并同时保障了中国的能源安全以及推动了环境治理的绿色发展。主要表现如下。

（1）**CCUS 技术为煤炭的低碳化利用提供了技术选择**　主动大规模部署 CCUS 技术能够为煤基能源产业应对气候变化提供技术保障，为煤炭的低碳化利用提供技术选择，为经济社会可持续绿色发展提供技术支撑。首先，通过"煤基能源+CCUS 技术"的方法可以在保障电力供应的前提下实现煤基能源产业 CO_2 的大规模减排，推进产业的低碳转型。其次，通过"煤基能源+CCUS 技术"的方法可以避免大量基础设施建设投资被搁浅，能够支撑相关产业继续以被认为是沉没成本的基建核心，使得相关产业能够规避化石能源排放属性带来的负效益，实现产业的可持续发展。当 CCUS 技术能耗和成本问题得到根本改善，在煤基能源行业中将得到大规模应用，将成为我国建设绿色低碳多元能源体系的关键技术。

（2）**CCUS 技术是实现碳中和目标较为经济可行的方案**　主动大规模部署 CCUS 技术是现阶段煤炭占我国能源消费主体地位下实现碳中和目标经济性最强的方案之一。首先，根据 IPCC 第五次的报告，CCUS 技术如果没有得到应用，那么实现 2100 年的 2℃的减排目标将导致全球的减排成本增加 138%。其次，CCUS 成本下降的速度被认为能够超越预期。2019 年发布的中国 CCUS 技术路线图表明，CCUS 到 2035 年时的总体成本能够实现减少大约 30%，并且部分 CCUS 利用环节的技术甚至能获得不菲的收益。

（3）**CCUS 技术可以在保障能源安全的前提下实现社会效益与环境效益**　CCUS 技术的大力推广可以促进多样化的能源系统并且同时避免能源结构过激变动，然后进一步有效保证国家的能源安全，同时能够带来促进绿色发展、带动相关就业、提升生态质量等社会与环境效益。随着低碳技术的不断更新换代，二氧化碳利用技术将有能力主导绿色产业战略地位的提升，一方面带来更加多元的绿色属性产品，另一方面促进整体产业的技术进步以及企业低碳转型的主观能动性。随着技术逐渐成熟和成本的不断下降，CCUS 有望在 2030 年后成为中国向低碳能源系统平稳转型的重要战略储备技术，为构建化石能源与可再生能源协同互补的多元供能体系发挥重要作用。

3.2.2 煤基能源产业结合 CCUS 技术的潜在优势

以煤化工、煤电为代表的煤基能源产业是目前国内 CCUS 技术应用的主要领域，推动 CCUS 技术创新和产业化发展，需要煤基能源行业在 CCUS 方面协同推进和耦合发展。在 2060 年碳中和的目标框架下，中国不可能完全抛弃自己的煤炭资源优势，而是需要为庞大的煤基能源产业寻找顺应潮流的出路。中国从化石能源为主体的能源结构向低碳多元供能体系的转变依赖于 CCUS 技术的广泛应用。CCUS 技术的广泛应用，不仅有利于中国煤基能源体系实现西部化、集中化、规模化的发展，进而保障煤炭资源的低碳、高效开发和利用，而且有利于可再生电力的调峰调频工作。同时，煤化工、煤电的高浓度二氧化碳排放源具有低成本捕集的潜力，对于推进中国 CCUS 技术发展进程以及培育 CCUS 产业链具有重要意义。从 CCUS 的捕捉份额、捕集成本以及捕集工艺的角度分析，煤基能源都是 CCUS 技术应用最广泛的行业之一。总体而言，煤基能源体系和 CCUS 技术之间的耦合密切，在互补的同时也存在彼此一致的发展道路。

然而，目前中国 CCUS 技术的减排潜力还未充分体现，总减排贡献不高于 100 万吨 / 年且盈利空间狭窄。但长远来看 CCUS 技术的减排潜力巨大，根据不同的模型测算结果，2050 年 CCUS 技术对中国碳减排贡献为 7.0 亿～21.9 亿吨，相当于 2020 年碳排放总量的 7%～22%。此外，关于 CCUS 与煤基能源协同推进、耦合发展的综合效益预测与评估，现有研究存在模型假设过于平滑或过于片面等不足，未能考虑全局影响，尚未得到较为全面的预测结果。同时，煤电和煤化工行业不仅是 CCUS 规模化应用的创新"试验田"，还是煤基能源产业的低碳化转型的减排"主力军"。在煤电和煤化工行业开展 CCUS 示范，有利于促成推动煤基能源产业减排和 CCUS 规模化普及的双赢效果，从而为 CCUS 在其他行业低碳化实践中快速普及起到良好的示范作用。

此外，我国煤基能源西部化、集中化、规模化的发展趋势，为 CCUS 快速发展提供了有利条件。主要表现如下。

（1）煤炭能源基地的有效部署推动 CCUS 区域管网布局发展　按照国家现有规划，未来煤炭开采布局将进一步向晋陕蒙宁甘新等资源密集的西部、北部地区转移，并形成新的大型煤炭能源基地。这些新建煤炭基地拥有较好的CO_2封存与利用条件。根据远景资源量调查结果对陆上近30个盆地的评估，强化采油的封存容量为191.79亿吨，渤海湾、松辽、塔里木、鄂尔多斯、准噶尔等9个盆地的封存容量占全国总量的83.89%。煤炭能源基地和CO_2封存利用盆地的高度重合进一步拉近排放源与封存地的距离，有利于区域管网整体规划与布局，极大地降低运输成本，为CCUS全流程项目提供有利条件，同时降低煤炭基地的CO_2排放。目前还有近一半的集中排放源没有实施CCUS的机会，主要分布在华中、华东和华南地区，排放源西移可增大配对比例，缩短输送距离，减少运输成本从而提高CCUS技术的减排贡献度。此外，由于西部地区具有更多驱油和驱水应用机会，排放源西移会有效降低CCUS技术成本。

（2）煤炭能源基地大型集中化有利于CCUS发挥规模和集聚效应　未来煤炭能源基地大型化和集聚化是必然趋势，这使得CO_2排放量更加集中，实施捕集的规模效应更加明显。大型化和集聚化为煤、电、油、气、化、新能源等跨行业合作提供更加有利的条件，为多种行业、多种资源的耦合协同发展提供可能，部署CCUS的集聚效应也更为突显。此外，煤电、现代煤化工等煤炭高效转化利用方式比重进一步加大，有利于捕集技术的集中研发与利用，有望大幅降低捕集成本。在这些煤电和煤化工基地开展CCUS技术示范应用，将发挥技术规模效应，减少建设运营成本，提高技术学习效率。

（3）煤化工行业的高浓度碳源可提供早期低成本CCUS机会　从技术角度来看，CCUS捕集、运输、利用及封存四个环节均有较成熟的技术可以借鉴，而在CO_2的来源成本中，捕集成本是最主要的成本。CO_2的捕集成本主要体现在CO_2的排放浓度和流量，高浓度源的捕集成本大大低于低浓度源。煤基能源产业中的煤化工作为高浓度CO_2排放源，具有低成本捕集的潜力，对于推进中国CCUS技术发展进程以及培育CCUS产业链具有重要意义。煤化工产业产生的大量高浓度CO_2气源，可以大幅降低捕集成本，对结合EOR（强化采油）、ECBM（强化煤层气开采）以及化工与生物等多种利用，试验示范地质封存技术提供了早期机会，对于促进CCUS全流程示范工程发展，培育CO_2利用市场与下游产业具有重大意义。

上述CCUS的潜力与优势表明，有必要探究CCUS的布局及其规模对未来能源结构转型尤其是煤基能源产业优化的影响。以下章节以煤电、煤化工等煤基能源产业的典型代表为例，综合研判 CCUS 减排技术情景下的煤基能源产业发展前景，旨在促进煤基能源产业与 CCUS 协同推进和耦合发展取得良好的效果，以进一步加快煤基能源产业低碳转型和 CCUS 产业培育进程。

3.3 全球 CCUS 技术发展现状

3.3.1 CCUS 技术发展背景

CCUS 技术作为目前应对全球气候变化的关键技术之一，对于环境保护、循环经济及低碳发展均具有重要意义，为中国碳中和愿景的实现提供了技术可行的排放路径参考。在碳中和目标下，大力发展 CCUS 技术是中国未来在保障能源安全下减少二氧化碳排放，构建生态文明和实现可持续发展的重要手段。在 2020 年 9 月 22 日第七十五届联合国大会一般性辩论上，国家主席习近平提出了中国二氧化碳排放力争于 2030 年前达到峰值，努力争取 2060 年前实现碳中和，为中国未来低碳转型促进经济高质量发展、生态文明建设指明了方向，也是中国通过国家自主贡献应对气候变化，促进可持续发展，以及落实《巴黎协定》的重要举措。碳中和目标要求中国建立以非化石能源为主的零碳能源系统，实现经济发展与碳排放脱钩，通过负排放技术为可再生能源为主的电力系统增加灵活性，需要氢能、生物质能，以及碳捕集、利用与封存等技术的大规模应用。

2006 年 4 月，在北京香山科学会议上，碳捕集、利用与封存（CCUS）概念被首次提出，CCUS 的利用途径是 CO_2 强化采油和资源化利用，表 3-5 介绍了主要的 CO_2 捕获技术。随着全球环境污染问题日益严峻，CCUS 技术能够有效减少温室气体排放，助力社会经济可持续发展，有望实现化石能源低碳化利用，是我国未来应对气候变化的一项重要战略选择。CCUS 技术主要包括捕集、运输、封存与利用四个环节。在捕集环节中，将发电厂的 CO_2 从生产烟气中分离出来，经过一系列处理形成具有一定温度、压强的 CO_2 流，主要的捕集方法包括燃烧后捕集、燃烧前捕集、富氧捕集及化学链捕集四种方式。在运输阶段，将捕集的 CO_2 运送到可利用或封存场地，存在管道、船舶、铁路/公路等多种灵活的运输方式，目前主要采用罐车运输；在利用阶段，通过工程技术手段将捕集的 CO_2 实现资源化利用，目前 CCUS 已存在多种利用方式，包括化学利用、生物利用、地质利用等，用于化学品、燃料、食品、肥料、石油、天然气、矿产等多种产品的生产。在封存阶段，将 CO_2 注入不同的地质体中。CCUS 封存技术可分为地质封存、海洋封存、化学封存三种方式，目前地质封存技术在油气行业有数十年的应用历史，已经较为成熟，地质封存可以进一步分为陆上咸水层封存、海底咸水层封存、枯竭油田封存及枯竭气田封存。

表 3-5　主要的 CO_2 捕获技术介绍

捕获技术	概述	技术状态
化学吸收	基于 CO_2 和化学溶剂（如乙醇胺化合物）之间反应的一种常见工艺操作。利用氨基溶剂进行化学吸收是目前最先进的 CO_2 分离技术	目前在世界范围内的发电、燃料转化和工业生产的许多小、大规模项目中应用
物理分离	利用固体表面或利用液体溶剂捕获 CO_2，之后通过增加温度或变压释放 CO_2	目前主要用于天然气加工和乙醇、甲醇、氢气生产
膜分离	基于具有高 CO_2 选择性的聚合物或无机装置（膜）进行捕集	技术现状因燃料和应用而异。在天然气加工中，主要处于示范阶段
钙循环	使用两个主反应堆在高温下捕获 CO_2。在第一个反应器中，石灰（CaO）用作吸附剂从气流中捕获 CO_2，形成碳酸钙（$CaCO_3$）。$CaCO_3$ 随后被输送到第二个反应器，再生后产生石灰和纯净的 CO_2 流。然后石灰被循环回第一个反应堆	目前正处于试验/预商用阶段，在燃煤流化床燃烧器和水泥制造中进行了测试
直接分离	通过使用一种特殊的煅烧炉间接加热石灰石来捕获水泥生产过程中排放的 CO_2。该技术直接从石灰石中剥离 CO_2，而不与其他燃烧气体混合，因此大大降低了与气体分离相关的能源成本	目前正在试点项目中进行测试，如 Calix 在比利时 Lixhe Heidelberg 水泥厂开发的低排放强度石灰和水泥（LEILAC）试点工厂

注：资料来源于 IEA research and GCCSI（2021），Facilities Database。

目前注气驱油技术已成为世界范围内产量规模居第一位的强化采油技术，其中，CO_2 驱油技术在国外已有 60 多年的发展历史，具备成熟的碳封存效果，CO_2 驱油成为 CCUS 主要技术发展方向。在应对气候变化的政策导向下，中国已明确了要走 CO_2 资源化与利用化的碳减排之路。近年来，国内大型能源公司如中国石油、中国石化、国电、华能等企业陆续开展 CO_2 驱油技术研究和矿场试验，形成了有特色的 CO_2 驱油与埋存配套技术。CCUS 技术已经得到全球范围的广泛关注与使用，是目前国际控制温室效应，实现人类经济社会可持续发展的重要技术选项。此外，CCUS 作为成本低廉的减排手段，是减排难度较大的行业考虑经济效益的最佳选择。目前，CCUS 已经达到部分技术商业化并且是市面上最成熟的减排手段，未来随着负排放技术 BECCS 和 DAC 的技术进一步成熟，CCUS 将成为全球去碳计划重要的组成部分。但目前受经济成本的制约，整个 CCUS 产业仍处于商业化的早期阶段，相对于中国的 CO_2 排放量和减排需求，当前 CCUS 在中国的减排贡献仍然很低，CCUS 产业的发展面临项目成本高、投入资金不足、商业模式发展不成熟等多方面的制约。目前中国已经开展的 CCUS 示范工程规模较小，技术水平与设备规模仍需进一步突破，提高对 CCUS 相关政策扶持力度，为产业可持续发展营造良好的政策环境，对于 2060 年前实现中国碳中和目标意义重大。

3.3.2　CCUS 技术应用现状

近年来，为掌握未来 CCUS 技术优势，美国、欧盟、日本等国家及地区都相继投入大量资金开展 CCUS 研发和示范活动，并制定相应法规、政策积极推动 CCUS 技术发展，以期在控制本国 CO_2 排放和全球 CCUS 产业竞争中占得先机。表 3-6 展示了世界主要国家及地区 CCUS 地质封存潜力与二氧化碳排放量。发达国家通过颁布 CCUS 技术发展路线图及相关战略规划，设立跨部门的协调工作机制等加强国家层面技术政策的指导和宏观协调，并通过加大政府投入，引导私有投资加速开展全流程 CCUS 示范项目，建立起跨行业、跨领域的 CCUS 合作平台，加速技术成果的转化，加强知识与经验共享，推进 CCUS 技术商业化应用，在 CCUS 产业中占据了一定的竞争优势。

表 3-6　世界主要国家及地区 CCUS 地质封存潜力与二氧化碳排放量

国家/地区	理论封存容量/百亿吨	2019年排放量/(亿吨/年)	至2060年CO_2累积排放量估值/百亿吨
中国	121～413	98	40
亚洲（除中国）	49～55	74	30
北美	230～2153	60	25
欧洲	50	41	17
澳大利亚	22～41	4	1.6

注：数据来源于 Bradshaw,et al,2004；Flett,et al, 2008；Cook, 2009；Takahashi,et al, 2009；Vangkilde Pedersen,et al,2009；Ogawa,et al,2011；Kim,et al,2013；Wright,et al,2013；Lee,et al,2014；Wei, 2015；Kim,et al,2016；GCCSI, 2019,2020。2019年排放量数据来自BP，2021；至2060年CO_2累积排放量估值是按照2019～2060年排放量不变计算。

美国 CCUS 技术发展处于全球领先地位，美国能源部在 2009 年成立美国国家碳捕集中心（NCCC），NCCC 旨在为二氧化碳捕集技术开发者提供一个独立、灵活、经济的真实工业测试环境和配套基础设施，NCCC 创建了专注于 CCUS 技术开发的国际测试中心网络，目前已经实现化石能源发电碳捕集的预估成本降低约 40%，并与加拿大、中国、德国、印度、日本、挪威、英国等国家建立了合作关系。NCCC 主要用于发展具有成本效益的燃煤电厂碳捕集技术，主要研究领域为 CO_2 燃烧前捕集和燃烧后捕集，由美国能源部提供资助与配套设施。NCCC 自 2011 年起开始测评 CO_2 控制技术，改善 CO_2 压缩方法，目前已有 20 家技术开发商在该平台进行技术测试，电力系统开发设施基本完善。2020 年，NCCC 宣布将开展二氧化碳利用技术和直接空气捕集二氧化碳技术测试，由美国能源部为主要出资方，已经累计测试了来自 7 个国家超过 60 种技术。

2020 年，美国国家石油委员会提出 CCUS 规模化部署路线图，以及未来 10 年的研究资助建议，通过启动、扩张和规模化应用三个阶段实现 CCUS 在美国的大规模部署。美国 CCUS 规模化部署路线图规定：未来 5～7 年为项目启动阶段，要求累计投资达到 500 亿美元，要求 CO_2 捕集、运输和封存量达到美国原油基础设施系统排放量的 10%；未来 15 年为项目扩张阶段，要求 CCUS 累计投资达到 1750 亿美元，要求 CO_2 捕集、运输和封存量达到美国原油基础设施系统排放量的 25%；未来 25 年为项目规模化应用阶段，要求 CCUS 累计投资达到 6800 亿美元，要求 CO_2 捕集、运输和封存量达到美国原油基础设施系统排放量的 75%。此外，CCUS 大规模部署路线图也在碳捕集技术、碳封存技术以及碳利用技术上提出了具体的研发资助建议。

欧洲由于碳交易市场价格相对较低，碳市场对 CCUS 项目的支持力度有限。欧洲 CCUS 设施主要集中在北海一带，大陆 CCUS 项目受成本等因素影响，进展较缓慢。与美国不同，欧洲 CCUS 项目的 CO_2 减排价值主要通过欧盟碳交易市场（EUETS）和 EOR 来实现。截至 2020 年，欧盟有 13 个商业 CCUS 项目正在运行，其中有 7 个位于英国，剩下的项目分布于爱尔兰、荷兰以及挪威。英国政府估计，英国领海可安全封存 780 亿吨 CO_2，英国最大的独立油气公司 Harbour Energy 将与壳牌和 Storegga Geotechnologies 合作，建立平等合作伙伴关系，共同开发英国规模最大、最成熟的碳捕捉和储存（CCS）及氢气项目，该项目位于苏格兰东北部的圣弗格斯天然气码头，预计将在 2030 年实现每年 500 万吨二氧化碳的存储量。此外，Harbour Energy 的 VNZ 项目已通过英国政府第一阶段验收，该项目位于北海南部两座废弃油气田，拥有封存 3 亿吨 CO_2 的潜力。

为加速 CCUS 发展，近年来欧盟颁布了一系列 CCUS 技术的发展路线图和战略规划。在 2009 年欧盟就发布了 CCS 指令实施指南和执行报告，确保成员国参与并实施 CCS 项目。欧盟委员会在《气候行动与可再生能源计划》中制定了关于 CCS 和环境补贴的规定，制定了 CO_2 地质封存指令，并在碳排放权交易改革中对 2020 年之前时期的低碳创新项目投入规定，由市场稳定储备（MSR）投入 5000 万吨的排放配额，作为对现有 NER300 计划的补充。

日本受地质条件约束，没有可用于 EOR 的油气产区，因此日本 CCUS 项目多为海外投资。日本计划在 2050 年实现比 1990 年减少 80% 的碳排放，并在 21 世纪下半期尽早实现近零排放。由于缺乏有利于长期稳定封存的地质构造，日本国内 CCUS 示范项目的规模不如挪威和加拿大等国家，但日本的 CCUS 国际策略和部署在世界领先，同时也积极在国内推动小型全流程示范项目。日本企业参与的合作项目包括美国的 PetraNova 项目，加拿大的国际 CCS 知识共享中心，澳大利亚的氢能供应链项目，以及在印度尼西亚和沙特阿拉伯开展的 CCUS 可行性研究。

日本机构参与最瞩目的项目是位于美国的 PetraNova 电力碳捕集示范项目，是全球目前在运行的最大的电力行业 CCUS 项目，每年捕集约 160 万吨二氧化碳。日本是全世界第一个设立了国家 CCS 商业公司来开发 CCS 示范项目的国家。于 2008 年设立日本 CCS 合资公司（简称 JCCS），来进行日本 CCS 项目的开发，截至 2019 年 11 月，完成了 30 万吨的二氧化碳注入目标，未来计划探索试验二氧化碳利用技术。日本国内企业碳捕集技术在世界处于领先水平，并积极探索通过化石能源与 CCUS 转换"低碳氢气"作为清洁的二次能源，来解决日本可靠二氧化碳封存地不足的难题。

全球陆上 CCUS 理论封存容量为 6 万亿～42 万亿吨，其中中国地质封存潜力为 1.21 万亿～4.13 万亿吨。我国首个百万吨级 CCUS 项目为齐鲁石化 - 胜利油田 CCUS 项目，该项目每年可减排 CO_2 100 万吨，预计未来 15 年可实现增油 296.5 万吨，这是目前国内最大的 CCUS 全产业链示范基地和标杆工程，对我国推进 CCUS 规模化发展具有重大示范效应。此外，中国华能集团上海石洞口碳捕集项目自 2009 年开始投运，以每年 12 万吨的规模采用燃烧后捕集的方式捕集超超临界机组 CO_2 排放；中国华能集团天津绿色煤电项目捕集规模为 10 万吨/年；中石化胜利油田在 2010 年投运第一阶段，预计第二阶段碳捕集量可达 100 万吨/年；中石化中原油田 CO_2-EOR 项目在 2015 年建成捕集装置等。

中国拥有巨大的潜在 CCUS 应用市场，全国约 130 亿吨原油地质储量适合使用 EOR，可提高原油采收率 15%，预计可增加采储量 19.2 亿吨，同时封存二氧化碳约 47 亿～55 亿吨。中国 CCUS 技术项目遍布 19 个省份，目前已投运或在建的 CCUS 示范项目约为 40 个，捕集能力总额达 300 万吨/年。目前我国主要的 CCUS 示范项目多以石油、煤化工、电力行业等小规模捕集驱油示范项目为主，而捕集作为 CCUS 各环节中能耗和成本最高的环节，引入碳捕集后每吨 CO_2 将额外增加 140～600 元的运行成本，在现有 CCUS 技术条件下，企业实施 CCUS 将使一次能耗增加 10%～20%，能耗效率损失导致整体 CCUS 应用成本长期处于较高水平。因此，我国需要继续开展大规模 CCUS 示范与产业化集群建设，突破大规模 CCUS 全流程工程相关技术瓶颈，同时加速突破高性价比的核心技术，促进 CCUS 产业集群建设。

3.4 中国 CCUS 发展潜力预测

3.4.1 中国 CCUS 封存潜力

二氧化碳封存方式主要分为陆上封存和海洋封存。深部咸水层封存在所有封存类型中占据主导地位，其封存容量约占理论封存总量的 98%。陆上封存类型中，油气藏是适合 CO_2 封存的早期地质场所，其优点在于地质构造完善，有较为完备的地质勘探信息基础。决定 CCUS 封存潜力的主要影响因素有碳源碳汇分布空间匹配情况，以及开展封存地质环境条件情况。

《中国二氧化碳捕集利用与封存（CCUS）年度报告（2021）》研究预测，中国地质封存潜力为 1.21 万亿～4.13 万亿吨。CO_2 强化石油开采技术（CO_2-EOR）可以在 CO_2 地质封存的同时提高石油采收率，目前该技术已在大庆油田、吉林油田、胜利油田和辽河油田等经过实验，都取得了较好的效果。由于温室效应的存在，CO_2-EOR 技术是缓解环境污染压力、提高石油采收率的重要手段。由于我国的低渗透和稠油资源十分丰富，CO_2-EOR 技术成本低廉、成效显著，因而在我国有较好的应用前景。中国油田主要集中于松辽盆地、渤海湾盆地、鄂尔多斯盆地和准噶尔盆地，通过 CO_2-EOR 可以封存约 51 亿吨 CO_2。CO_2 强化天然气开采技术（CO_2-EGR）可以在 CO_2 地质封存的同时提高天然气采收率。中国气藏主要分布于鄂尔多斯盆地、四川盆地、渤海湾盆地和塔里木盆地，利用枯竭气藏可以封存约 153 亿吨 CO_2。此外，苏北盆地（4357 亿吨）和鄂尔多斯盆地（3356 亿吨）的深部咸水层也具有较大的 CO_2 封存潜力。

从实现碳中和目标的减排需求来看，依照现在的技术发展预测，2050年和 2060 年，需要通过 CCUS 技术实现的减排量分别为 6 亿～14 亿吨和 10 亿～18 亿吨二氧化碳。2060 年生物质能碳捕集与封存（BECCS）和直接空气碳捕集与封存（DACCS）分别需要实现减排 3 亿～6 亿吨和 2 亿～3 亿吨二氧化碳。从我国源汇匹配的情况看，CCUS 技术可提供的减排潜力基本可以满足实现碳中和目标的需求（6 亿～21 亿吨二氧化碳）。我国 CCUS 技术整体处于工业示范阶段，但现有示范项目规模较小。CCUS 的技术成本是影响其大规模应用的重要因素，随着技术的发展，我国 CCUS 技术成本未来有较大下降空间。预计到 2030 年，我国全流程 CCUS（按 250 千米运输计）技术成本为 310～770 元/吨二氧化碳，到 2060 年，将逐步降至 140～410 元/吨二氧化碳。目前，我国需要进一步明确面向碳中和目标的 CCUS 技术发展路径，完善 CCUS 政策支持与标准规范体系，并进一步规划布局 CCUS 基础设施建设，有序开展大规模 CCUS 示范与产业化集群建设。

中国 CO_2-EOR 潜力大，从盆地规模来看，渤海湾盆地、松辽盆地具有较大的 CO_2-EOR 潜力，被视为 CCUS 项目实施的优先区域。结合中国主要盆地地质特征和 CO_2 排放源分布，中国可实施 CO_2-EOR 重点区域主要集中在松辽盆地、渤海湾盆地、鄂尔多斯盆地、准噶尔盆地及塔里木盆地区域。2010 年神华集团在鄂尔多斯盆地开展 CCS 示范工程，是亚洲第一个也是当时最大的全流程 CCS 咸水层封存工程。松辽盆地深部咸水层具有良好的储盖层性质，是中国未来大规模 CO_2 封存的一个潜在的场所。

从中国地质条件上看，我国源汇匹配相对较好的地区主要集中在东部和北部的沉积盆地。西北地区虽碳源分布相对较少，但封存地质条件相对较好，塔里木、准噶尔等盆地存在巨大的地质封存潜力。南方及沿海地区由于可用于封存的沉积盆地面积小且分布零散，封存地质条件与封存潜力较差，其近海沉积盆地可作为离岸地质封存的备用选项。

CCUS 源汇匹配主要考虑排放源和封存场地的地理位置关系和环境适宜性。中国源汇匹配分析中 CO_2 中继压缩站的最长管道距离限制为 250 千米，超过该距离一般不予考虑。且中国政府非常重视 CCUS 的环境影响和环境风险，在监管中重点考虑 CO_2 地质封存对于水资源（地下水和地表水）、地表植被和人群健康的环境风险和环境影响。

对火电行业而言，2020 年中国现役火电厂分布在 798 个 50 千米网格内，覆盖了中国中东部、华南大部及东北和西北的局部地区。CO_2 年排放量大于 2000 万吨的 50 千米网格共有 51 个，主要分布在华中和东部沿海一带，封存场地适宜性以中、低为主。CO_2 年排放量介于 1000 万～2000 万吨的网格数量为 99 个，主要分布在吐鲁番-哈密盆地、鄂尔多斯盆地、准噶尔盆地、松辽盆地、柴达木盆地等地区，封存场地适宜性以中、高为主。

在钢铁行业中，由于钢铁企业主要分布在河北、辽宁、山西、内蒙古等铁矿石、煤炭等资源较为丰富的地区，且这些地区钢铁需求量较大，2020 年分布在 50 千米网格内的中国钢铁企业有 253 个。以排放点源进行匹配研究时，在 250 千米匹配范围内，79% 以上的钢铁厂可以找到适宜的地质利用与封存场地。钢铁厂开展全流程 CO_2-EOR 与 CO_2-EWR（CO_2 强化咸水开采）结合项目或单独的 CO_2-EOR 项目时，平准化成本较低，甚至一些项目可以盈利。

3.4.2 中国 CCUS 减排需求

根据国内外的研究结果，碳中和目标下中国 CCUS 减排需求为：2030 年 0.2 亿~4.08 亿吨，2050 年 6 亿~14.5 亿吨，2060 年 10 亿~18.2 亿吨（表 3-7）。各情景设置中主要考虑了中国实现 1.5℃目标、2℃目标、可持续发展目标、碳达峰碳中和目标，各行业 CO_2 排放路径，CCUS 技术发展，以及 CCUS 可以使用或可能使用的情景。

表 3-7　2025~2060 年各行业 CCUS 二氧化碳减排需求潜力

单位：亿吨/年

项目	2025	2030	2035	2040	2050	2060
煤电	0.06	0.2	0.5~1	2~5	2~5	2~5
气电	0.01	0.05	0.2~1	0.2~1	0.2~1	0.2~1
钢铁	0.01	0.02~0.05	0.1~0.2	0.2~0.3	0.5~0.7	0.9~1.1
水泥	0.001~0.17	0.1~1.52	0.2~0.8	0.3~1.5	0.8~1.8	1.9~2.1
BECCS	0.005	0.01	0.18	0.8~1	2~5	3~6
DDACCS	0	0	0.01	0.15	0.5~1	2~3
石化和化工	0.05	0.5	0.3	0	0	0
全行业	0.09~0.3	0.2~4.08	1.19~8.5	3.7~13	6~14.5	10~18.2

注：数据来源于 IEA，2011，2000；Wang, et al 2014；亚洲开发银行，2015；Xu, et al，2016；中国 21 世纪议程管理中心，2019；Li，2021；DNV，2020；Goldman Sachs，2020；波士顿咨询公司，2020；能源转型委员会，2020；何建坤，2020；能源基金会，2020；WRI，2021；麦肯锡，2021；全球能源互联网发展合作组织，2021；中国 21 世纪议程管理中心，2021；中国工程院，2021；清华大学、北京理工大学、国务院发展研究中心、国家应对气候变化战略研究和国际合作中心、发改委能源研究所等单位根据中国碳中和情景联合预测数据。

火电行业是当前中国 CCUS 示范的重点，目前已在多地部署火电行业以 CO_2-EOR 为主的 CCUS 技术，优先开展适宜 CCUS 早期集成示范项目，不断推动 CCUS 技术发展。CCUS 项目研发将成为火电行业具有竞争力的重要技术手段，为火电行业未来开展大规模 CO_2 捕集、利用技术推广奠定重要基础，是火电行业实施脱碳前沿技术引领的助推器。国家能源集团建成 15 万吨/年燃烧后 CO_2 捕集示范工程并在满负荷试运后正式投产。预计到 2025 年，煤电 CCUS 减排量将达到 600 万吨，2040 年达到峰值 2 亿~5 亿吨。2020 年中国现役火电厂覆盖了中国中东部、华南大部及东北和西北的局部地区，此外气电 CCUS 的部署也将逐渐展开，于 2035 年减排量达到峰值 0.2 亿~1 亿吨。

CCUS 将成为钢铁水泥等减排难度大的行业实现净零排放的重要技术方案，国际钢铁协会估算，中国钢铁行业 CO_2 排放量约占全球钢铁行业 CO_2 排放量的 50%。从 CO_2 减排需求来看，钢铁行业 CCUS 2030 年减排需求为 0.02 亿~0.05 亿吨，2060 年为 0.9 亿~1.1 亿吨。通过 CCUS 技术实现钢铁工业过程低碳发展的主要方式是将焦炉或高炉煤气提质利用与 CCS 结合、熔融还原与 CCS 结合，预计可实现钢铁 CO_2 减排 30% 以上。

我国水泥产量约占全球的 55%，碳排放占全国总量的 13% 以上。水泥行业 CCUS 2030 年二氧化碳减排需求为 0.1 亿~1.52 亿吨，2060 年减排需求为 1.9 亿~2.1 亿吨。水泥行业碳排放主要来源是生产过程中碳酸盐分解和煤炭燃烧，由于其产品特性和市场上巨大的需求量，水泥行业碳减排难度极大。对于水泥行业的碳中和，CCUS 是实现其近零排放的必要技术手段。2019 年海螺水泥在全球首先投资了水泥窑烟气中碳捕集利用装置，为水泥行业碳减排提供了指路明灯。在未来水泥行业碳中和进程中，需要充分发挥 CCUS 技术托底保障作用，实现大规模减碳交易。

2030 年我国石化和化工行业的 CCUS 减排需求约为 5000 万吨，到 2040 年逐渐降至零。石化和化工行业是 CO_2 的主要利用领域，在我国存在很多 70% 以上的高浓度 CO_2 排放源，然后进行资源再利用。相较于低浓度排放源，石化和化工行业的捕集能耗低、投资成本与运行维护成本低，可为 CCUS 示范提供更低廉的成本机会。中国早期 CCUS 示范项目优先采用高浓度排放源与强化石油开采相结合的方式，当市场油价处于高位时，项目收益可完全抵消 CCUS 成本，并为 CCUS 相关利益方创造额外利润，即以负成本实现二氧化碳减排。

Toward Carbon Neutrality: Optimization of China's Coal-based Energy Industry

碳中和下中国煤基能源产业优化发展

第 4 章

煤炭清洁高效利用决策优化模型

4.1 可计算一般均衡模型简介
4.2 社会核算矩阵的编制
4.3 煤基能源产业 CCUS 技术的刻画
4.4 C-CEUM 模型宏观闭合的调整
4.5 模拟碳约束情景

本章在明确 CCUS 技术对中国煤基能源产业优化发展进程中的必要性的基础上，结合现有 CCUS 成本效益相关研究的不足，构建煤炭清洁高效利用决策优化模型，全面细致考察 CCUS 技术嵌入煤基能源产业（煤电、煤化工）优化发展的综合成本效益，以定量评判 CCUS 技术的发展潜力，为促进碳约束下我国煤基能源产业更好转型提供决策支持。定量分析思路如图 4-1 所示。

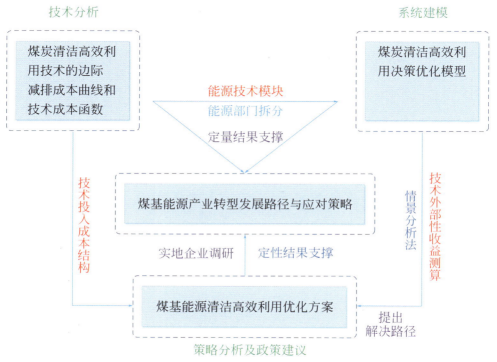

图 4-1 碳约束条件下我国煤基能源产业优化发展及应对策略分析思路

4.1 可计算一般均衡模型简介

作为分析政策效果、模拟政策运行的重要分析工具，可计算一般均衡模型（computable general equilibrium model，CGE 模型）在能源环境、财贸分析、气候变化等经济学领域被广泛使用。可计算一般均衡模型基于经济学中的一般均衡理论。具体来说，该模型认为单个市场上产出的价格变化在通常意义上会对其他市场产生影响，而这一影响又会逆向波及整个经济系统，甚至在某种程度上会影响原有市场上的价格-数量均衡。正因如此，在理解和探讨经济现实中的此类复杂关系时，简单地基于局部均衡进行讨论便无法得到充分的结论，这使得构建综合多个市场和均衡的宏观模型成为必然。因此，CGE 模型作为一种综合分析框架，能够对不同市场、不同产业、不同资源要素以及不同机构之间的相互关系进行归纳。

瓦尔拉斯一般均衡是 CGE 模型的核心理论基础。基于瓦尔拉斯一般均衡的思想，CGE 模型将一组描述模型中各经济主体的行为方程用其各自所面临的技术、收入和制度等约束条件联系在一起。消费者效用最大化、生产者利润最大化和市场出清是实现一般均衡状态的三个条件。可以看出，由于 CGE 模型充分立足于完备的经济学理论，因此形成了理论对应模型的完整结构。但 CGE 同样在运行效率上存在缺点，同时往往在参数设定方面存在困难。

Arrow-Debreu 一般经济均衡模型采用三组 "中心变量" 加以描述并有效解决：

P：一个非负 n 维商品价格向量，包括所有最终产品，中间产品和生产的初级要素；

Y：一个非负的 m 维活动水平向量，经济部门被假定为规模报酬不变；

M：一个 h 维收入水平，包括模型中的每个家庭以及任何政府实体。

一般均衡必须满足三组非线性不等式系统。

（1）零利润　第一组均衡条件要求在均衡时，没有生产者能获得超额利润，也就是说，每单位活动投入的价值必须等于或大于产出的价值。数学表达式写成：

$$-\prod\nolimits_j(p)=C_j(p)-R_j(p) \geqslant 0 \quad \forall j \quad (4\text{-}1)$$

式中，$\prod_j(p)$ 为单位利润函数；$C_j(p)$ 为单位成本；$R_j(p)$ 为单位收入。

$$C_j(p) \equiv \min\{\sum_i p_i x_i \mid f_j(x)=1\} \quad (4\text{-}2)$$

$$R_j(p) \equiv \max\{\sum_i p_i x_i \mid g_i(y)=1\} \quad (4\text{-}3)$$

式中，f 为刻画可行投入的生产函数；g 为产出的相应的生产函数。

（2）市场出清　第二组条件要求在均衡价格和活动水平上，任何商品的供给必须大于等于消费者的需求。如式（4-4）所示：

$$\sum_j y_j \frac{\partial \Pi_j(p)}{\partial p_i} + \sum_h \omega_{ih} \geqslant \sum_h d_{ih}(p, M_h) \tag{4-4}$$

在式（4-4）中，左边的第一个加总是用 Shepard 引理表示的规模报酬不变生产部门商品 i 的净供给，第二个加总表示家庭拥有的商品 i 的总的初始禀赋；右边的加总项表示给定市场价格 p 和家庭收入水平 M 下家庭对商品 i 的最终总需求。

最终需求从预算约束效用函数中得到，如式（4-5）所示：

$$d_{ih}(p, M_h) = \arg\max\{U_h(x) | \sum_i p_i x_i = M_h\} \tag{4-5}$$

式中，U_h 为家庭 h 的效用函数。

（3）收支平衡　第三个条件是在均衡时，每个代理者的收入必须等于要素禀赋的值，如式（4-6）所示：

$$M_h = \sum_i p_i \omega_{ih} \tag{4-6}$$

经常用到非饱足（non-satiation）的效用函数，所以瓦尔拉斯法则将一直成立，如式（4-7）所示：

$$\sum_i p_i d_{ih} = M_h = \sum_i p_i \omega_{ih} \tag{4-7}$$

总的市场出清条件采用均衡价格；零利润条件采用均衡活动水平，如式（4-8）所示：

$$\sum_j y_j \Pi_j(p) = 0 \tag{4-8}$$

而且，

$$p_i \left[\sum_j y_j \frac{\partial \Pi_j(p)}{\partial p_i} + \sum_h \omega_{ih} - \sum_h d_{ih}(p, M_h) \right] = 0 \quad \forall i \tag{4-9}$$

也就是说，互补松弛条件是均衡配置的一个特性。因此，均衡状态下的生产活动处于零利润状态；任何净回报为负的生产活动都是无价值的。并且，任何商品只要价格为正，那么其在总供给和需求之间的平衡总会存在；任何超额供给的商品的均衡价格为零。

CGE 模型在 Arrow-Debreu 的一般均衡理论框架下，明确定义了经济主体的生产函数和需求函数。这使得 CGE 模型能够同时反映多个部门、多个市场之间的相互依赖和相互作用关系，相比部分均衡模型或大多数宏观经济学领域的计量经济模型，CGE 模型所揭示的经济联系更为广泛和充分。利用 CGE 模型，研究者能够评估一个特殊的政策变化所带来的直接和间接影响，同时政策波及整个经济系统的全局性效果也能够被测算。

采用嵌套式的常替代弹性（constant elasticity of substitution, CES）函数来描述经济生产活动的生产函数和经济主体的效用函数。以两要素投入为例，CES 生产函数的具体形式，如式（4-10）所示：

$$Y(L,K)=[aL^{-\rho}+(1-\alpha)K^{-\rho}]^{1/-\rho} \tag{4-10}$$

式中，$\rho=\dfrac{1}{\sigma}-1$，σ 为两要素之间的替代弹性。

由于 CES 生产函数所具有的齐次性与替代弹性为常数的优良性质，将其引入可以有效减少对生产函数假定条件的限制。

理论上讲，一个包含能源投入的三要素 CES 嵌套式生产函数，根据其嵌套形式的不同可写成如下三种形式：

$$Y=A\left\{\beta\left[aK^{-\rho_1}+(1-\alpha)E^{\rho_1}\right]^{\frac{\rho}{\rho_1}}+(1-\beta)L^\rho\right\}^{\frac{1}{\rho}} \tag{4-11}$$

$$Y=A\left\{\beta\left[aL^{-\rho_1}+(1-\alpha)E^{\rho_1}\right]^{\frac{\rho}{\rho_1}}+(1-\beta)K^\rho\right\}^{\frac{1}{\rho}} \tag{4-12}$$

$$Y=A\left\{\beta\left[aL^{-\rho_1}+(1-\alpha)K^{\rho_1}\right]^{\frac{\rho}{\rho_1}}+(1-\beta)E^\rho\right\}^{\frac{1}{\rho}} \tag{4-13}$$

以上三个方程展示了不同的嵌套结构。

进一步定义，$\sigma_1=\dfrac{1}{1+\rho_1}$，表示一层嵌套关系的替代弹性；$\sigma=\dfrac{1}{1+\rho}$，表示第二层嵌套关系的替代弹性。

在实际建模过程中，首先应当对生产函数中的劳动、资本以及能源之间的嵌套情况进行结构化描述；在此基础上，加入其他中间投入和减排活动投入，就能够将经济系统中全部的生产活动投入与不同类型投入之间的替代关系充分勾勒。

本书开发的煤炭清洁高效利用决策优化模型(coal-clean and efficient utilization model, C-CEUM)的基本结构,体现了能源系统中要素、商品和服务的整体流动情况。如图4-2所示,生产者通过要素投入和中间产品投入,在一定的技术条件下生产出国内最终产品。而最终产品又分为两个部分:一部分成为国内供给以满足国内需求;另一部分则出口至国际市场。

与国内最终产品类似,国内商品总需求除了来自国内,还有相当比例来自进口。居民和政府分别通过要素出售和税收的方式获得可支配收入,通过支配收入购买商品以满足自身消费需求,而可支配收入的剩余部分则成为储蓄。储蓄最终能够形成投资,最终共同满足国内总需求。能源投入作为中间投入的一部分,碳排放权也作为一种稀缺投入要素进入生产环节,从而将经济系统和能源系统有机联系起来。在完全竞争市场假设下,生产者在生产技术一定的条件下,通过成本最小化追求利润最大化;消费者在收入水平一定的条件下,通过偏好选择实现其效用最大化;国内产品和进出口商品在总产出水平一定的条件下,通过价格机制实现销售收益最大化;要素的供给和需求在生产过程中实现其最优化配置。

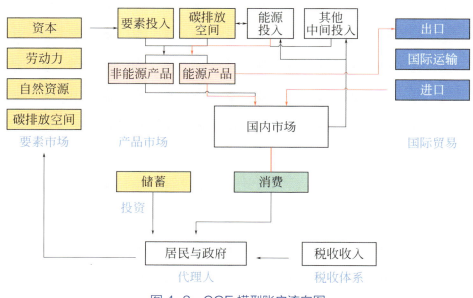

图 4-2 CGE 模型账户流向图

4.2 社会核算矩阵的编制

社会核算矩阵（social accounting matrix，SAM）是本书构建的煤炭清洁高效利用决策优化模型的数据基础。因此，本节将首先介绍 SAM 的框架、编制原理和平衡方法。

4.2.1 社会核算矩阵的框架

社会核算矩阵是在投入产出表的基础上，通过加入机构等账户扩展而编制的。SAM 反映了一定时期内经济系统的主要交易流向并且记录了各经济主体之间的交易数额。由于 SAM 是社会经济体系各个部门的统一核算体系，因此能够保证数据的全面性和一致性。SAM 通过对投入产出表的扩充能够同时表现生产部门之间、非生产部门之间以及生产与非生产部门之间的经济关系，包括投入产出、增加值形成和最终支出等。由于 SAM 能够便捷地实现账户分解与聚合，在实际运用过程中，可以依据研究问题的专门需要将相关的生产部门、商品部门、机构部门进行分解或聚合，使模型更具针对性。

SAM 是一个对称的方阵，主要包括商品账户、活动账户、要素账户、机构账户、省际账户和国外账户等。

商品账户是国内商品市场交易行为的刻画。商品账户的支出用于购入进口商品、国内生产的产品（包括来自贸易部门的服务）和支付关税；其收入来源于生产活动的中间需求消费、居民消费、政府消费和投资。商品账户的平衡意味着商品市场出清。

活动账户反映了厂商的生产行为。活动账户的支出用以购买中间投入品、雇佣生产要素来进行生产，并向政府支付间接税；其收入来源于国内市场的买卖以及出口。活动账户的平衡意味着厂商零利润。

要素账户反映各种生产要素的流向。要素一般包括劳动力和资本，有些 SAM 中还会加入土地账户。要素账户以工资和租金的方式从厂商的生产活动中获得收入，以及从国外部门获得要素出口收入；而后，要素收入在居民和企业之间进行分配。资本账户反映资本市场的变动情况。其收入来源于各个机构账户的储蓄以及国外储蓄,其支出则体现在投资和存货变动上。

机构账户由居民账户、企业账户和政府账户组成,它们共同反映国内社会机构之间的往来。居民的收入来源于要素收入和各种来自政府、企业或国外的转移支付,其支出主要由消费支出和所得税组成,剩余部分则转到资本账户中,形成居民储蓄。企业的收入主要来源于要素收入和各种转移支付,其支出则用于直接税和对外转移支付,余额进入资本账户,形成企业储蓄。政府的收入来源于各种税收以及国外的转移支付,支出主要用于政府消费以及对居民和企业的各种转移支付,其余额进入资本账户,形成政府储蓄。机构账户的平衡意味着机构的收支平衡。

省际账户反映了本省与周边地区的经济往来。省际调入表现为省外账户的收入,省外账户的支出则用于购买省际调出、购买该省的要素以及对该省的各种转移支付,其余额部分进入资本账户,形成省外储蓄并进入下一阶段的资本投入。

国外账户与省际账户类似,主要反映本国与世界其他地区的经济往来。一国的进口表现为国外账户的收入,国外账户的支出则用于购买该国的出口产品、购买该国的要素以及对该国的各种转移支付,其余额部分进入资本账户,形成国外储蓄。

4.2.2 社会核算矩阵的编制

传统的 SAM 能够对一国的经济情况进行全面核算,但其缺陷在于,无法体现能源战略调整对社会经济各方面的具体影响。鉴于本部分旨在考察国家煤炭相关政策的影响,SAM 应当进行进一步扩展,从而能够使其容纳能源、环境和经济之间的相互作用情况。因此,有必要详细划分能源部门,并引入环境反馈因素。

底层数据库的更新是提高模型有效性的前提,也是后续其他更新和改进的基础。为提升模型的实用性和准确性,本书利用 2017 年投入产出表进行 SAM 更新。值得注意的是,虽然国家统计局已经公布 2018 年的投入产出表,但由于 2017 年才是投入产出的调查年份,且 2018 年与 2017 年的表格数据差异不大,所以将 2017 年的投入产出表作为基础数据。

由于 CGE 模型具有计算难度大、运算效率相对较低的弱点，SAM 中的部门聚合不应过度追求细分，而应当适应研究问题的需要、数据可获得性、数据可靠性等多种因素。一般来说，轻微的数据误差反而有可能通过过细的部门划分而被放大，从而形成与经济现实的巨大偏差，而且也造成了模型求解的困难度增加。充分考虑以上内容，本书在综合考虑中国产业划分特点和研究需要的基础上，将 2017 年版投入产出表中的 149 部门最终拆分为 49 部门，相关部门信息如表 4-1 所示。

表 4-1 煤炭清洁高效利用决策优化模型部门拆分

种类	部门
农业部门	农林牧渔业产品和服务
能源生产部门	煤炭
能源生产部门	石油
能源生产部门	天然气
高耗能部门	非金属矿物制品
高耗能部门	钢铁
高耗能部门	水泥
高耗能部门	有色
高耗能部门	煤化工
电力部门	输配电
电力部门	煤电
电力部门	气电
电力部门	水电
电力部门	核电
电力部门	风电
电力部门	光伏
供热部门	供热
CCUS 部门	自行拆分

续表

种类	部门
其他部门	其他采矿业，食品和烟草，纺织业，木材加工品和家具，造纸印刷和文教体育用品，精炼石油和核燃料加工品，化学产品，金属制品，通用及专用设备，交通运输设备，电气机械和器材，通信设备、仪器仪表、计算机和其他电子设备，其他制造业，燃气生产和供应，水的生产和供应，建筑，批发和零售，交通运输、仓储和邮政，管道运输，住宿和餐饮，信息传输、软件和信息技术服务，金融，房地产，租赁和商务服务，研究和试验发展及综合技术服务，水利、环境和公共设施管理，居民服务、修理和其他服务，教育，卫生和社会工作，文化、体育和娱乐，公共管理、社会保障和社会组织

4.2.3 社会核算矩阵的平衡

由于统计误差等原因，初始构建出的 SAM 可能存在数据不平衡的问题。因此，在基于 SAM 进行 CGE 模型模拟前，首先需要对 SAM 中的账户进行平衡。跨熵法（cross-entropy method，CEM）是常见的平衡方法之一，其来源于 Shannon 的信息理论。跨熵法利用了包括先验参数的所有可得信息，因此要求的统计假设较少，运用该方法时不必明确设定似然函数，保证了良好的客观性。同时，跨熵法还能够在数据缺失的情况下进行估计，适用于部门划分较多、SAM 复杂的情况。鉴于这些优点，本章采用跨熵法来平衡 SAM。SAM 的平衡及文中基于 CGE 模型的定量模拟都在 Matlab 中实现，求解 CGE 模型采用的算法为混合互补规划。

4.3 煤基能源产业 CCUS 技术的刻画

4.3.1 CCUS 成本的刻画

本节通过将煤基能源产业采用 CCUS 技术的成本曲线纳入其未来发展路径，实现煤炭清洁高效利用。基于当前 CCUS 技术特征与技术水平，只考虑煤电和煤化工结合 CCUS 技术情景，即将煤电和煤化工加装 CCUS 的成本特征嵌入到本书的 CGE 模型的技术模块中。由第 3 章分析可知，CCUS 应用的关键在于煤基企业与 CCUS 源汇匹配程度及捕集率的选择，这直接决定了 CCUS 的应用成本。因此，CCUS 技术模块刻画选择适用于我国煤基能源产业特征的相关技术参数，以更好实现中长期内煤炭清洁高效利用的发展路径预测。

煤电结合 CCUS 的减排成本曲线，如图 4-3 所示。在 800 千米匹配半径，85% CO_2 捕集率情景下，累计年减排量从 5300 万吨上升到 32400 万吨时，相应平准化减排成本也从 23 元 / 吨上升至 527 元 / 吨。

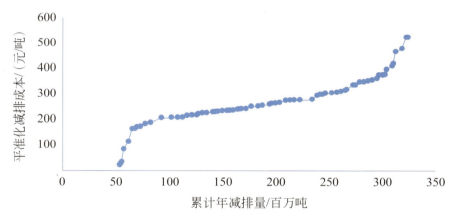

图 4-3　85% 捕集率 +800 千米匹配半径的煤电 CCUS 平准化净减排成本

对于单个 CCUS 项目，以捕集量 200 万吨 / 年，运行年限 20 年的煤电 CCUS 为例，其投入成本结构比例如表 4-2 所示。可以发现，全生命周期内燃料成本仍然占据煤电 CCUS 总成本的大部分比例，达到 61.8%，运行维护支出成本占比达 25.2%。CCUS 改造资本（设备）支出、运输成本和工人工资支出占总成本的比例较小。

表 4-2　煤电 CCUS 项目成本结构

成本类别	成本绝对值	平准化成本 /（元 / 吨）	成本比例 /%
改造资本（设备）支出	11.2 亿元	28	6.3
运行维护支出	2.229 亿元 / 年	111.45	25.2

续表

成本类别	成本绝对值	平准化成本/(元/吨)	成本比例/%
工人工资支出	0.067 亿元/年	3.35	0.8
平均燃料成本	273 元/吨	273	61.8
平均运输成本	26 元/吨	26	5.9

煤化工结合 CCUS 的减排成本曲线，如图 4-4 所示。在 250 千米匹配半径，100% 高纯 CO_2 捕集率情景下，累计年减排量从 2000 万吨上升到 4600 万吨时，相应平准化减排成本也从 64 元/吨上升至 126 元/吨。

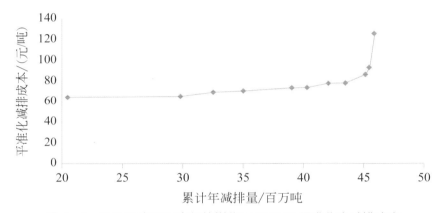

图 4-4 250 千米匹配半径的煤化工 CCUS 平准化净减排成本

同样，以捕集量 200 万吨/年，运行年限 20 年的煤化工 CCUS 项目为例，其投入成本结构比例如表 4-3 所示。可以看到，全生命周期内除必要的燃料成本外，运行维护支出成本占到总成本的 16.3%，略低于煤电 CCUS 项目。其次是运输成本，约占总成本的 12.7%，仅次于运行维护成本，最后是比例较低的改造资本（设备）支出和工人工资支出。

表 4-3 煤化工 CCUS 项目成本结构

成本类别	成本绝对值	平准化成本/(元/吨)	成本比例/%
改造资本（设备）支出	5.5 亿元	13.75	6.7
运行维护支出	0.669 亿元/年	33.45	16.3

续表

成本类别	成本绝对值	平准化成本/(元/吨)	成本比例/%
工人工资支出	0.051 亿元/年	2.55	1.2
平均燃料成本	129.2 元/吨	129.2	63.0
平均运输成本	26 元/吨	26	12.7

进一步，考虑 CCUS 成本的时间动态效应，根据 CCUS 历史成本曲线，假定 CCUS 的成本会随着技术进步而逐渐降低。以每年 0.8 亿吨的设备装机、90% 捕集率与 250 千米匹配半径为例，每年的边际成本如图 4-5 所示。

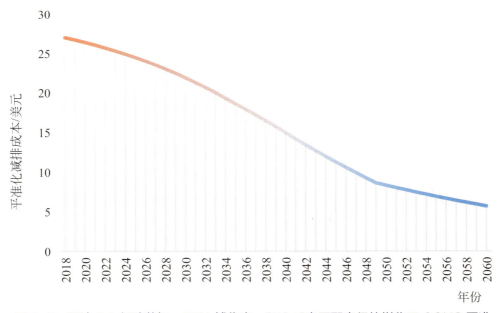

图 4-5　累计 0.8 亿吨装机、90% 捕集率、250 千米匹配半径的煤化工 CCUS 平准化净减排成本

由于目前 CCUS 的企业数据过小，无法获得精确的中间投入数据。因此，本书通过虚拟税的方式，对煤化工、火力发电等企业 CCUS 进行装机定价，并将其收益按相应比例赋予表 4-3 中的相关项目。该方法属于显性引入 CCUS 的边际减排成本。最后，基于煤基 CCUS 的边际减排成本曲线刻画

CCUS 边际减排成本函数，进而耦合至 C-CEUM 模型中。

4.3.2 CCUS 渗透率的刻画

由于目前 CCUS 技术成本较高，且当前 CCUS 应用项目较少，假设 CCUS 技术在 2040 年之后，逐步开始规模化应用，并模拟两条 CCUS 渗透率的应用曲线，一条是低渗透率的情景，另一条是高渗透率的情景，如图 4-6 所示。具体而言，通过外生的技术渗透率（企业装备 CCUS 的设备碳排放量 / 企业总碳排放量）将 CCUS 的应用强度耦合至 C-CEUM 模型中。

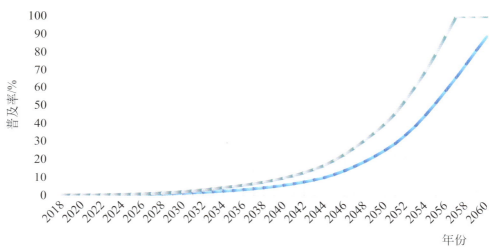

图 4-6　不同情景下的 CCUS 技术渗透率（绿线为高渗透率，蓝线为低渗透率）

4.4　C-CEUM 模型宏观闭合的调整

4.4.1　模型的动态化

本书的目标是关注政策的长期效果水平。因此，多期的模拟对于整体经济影响的评估更为重要。常见的模型动态化方式为跨期动态（intertemporal dynamic)和递归动态(recursive dynamic)两种。对于跨期动态模型而言，主要通过各行为主体对所有将来各期的价格预期进行的决策构建行为方程；递归动态模型则通过刻画多期间的相互影响函数，反复迭代计算，从而求解实现模型的动态化。两种方法相比，前者较为复杂且对数据要求较高；而后者相对简单，对数据要求也比较低。另外，递归动态方法对行为主体理性的假定并非像跨期动态模型那样绝对化。根据本书关注的问题特点，利用递归动态策略。

采用递归机制实现模型的动态化，通过资本积累，劳动供给的增长实现，如式(4-14)~式(4-16)所示。

$$K_{at+1}=(1-\delta)K_{at}+I_{at} \quad (4\text{-}14)$$

$$L_{at+1}=(1+ng)*L_{at} \quad (4\text{-}15)$$

$$IT_t=pinv_t \times \sum_a I_{at} \quad (4\text{-}16)$$

式中，a 为行业类型；t 为时间；K 为资本存量；I 为新增投资；δ 为资产折旧率；L 为劳动资本；n 为人口增长率；g 为人力资本增长率；IT 为各部门投资总额；pinv 为投资品价格。

4.4.2 生产函数的改进

模型的消费函数与常规 CGE 模型假设一致，即采用嵌套的 CES 函数进行表达，用以刻画消费者偏好。

在生产函数上，由于电力系统在未来能源生产和消费中将发挥越来越关键的作用。因此，对于生产部门生产活动，利用嵌套的 CES 生产函数和 Leontief 函数进行刻画，如图 4-7 所示。模型针对电力生产部门和非电部门进行了更为细致的刻画。针对常规数据库里的电力部门进行扩展，将其拆分为输配电、煤电、气电、水电、核电、风电及光伏，以反映不同发电技术的能源利用特征。针对非电能源部门，模型将其拆分为煤、煤炭加工、天然气、石油加工和热力，进一步，天然气被拆分为天然气开采和燃气供应。

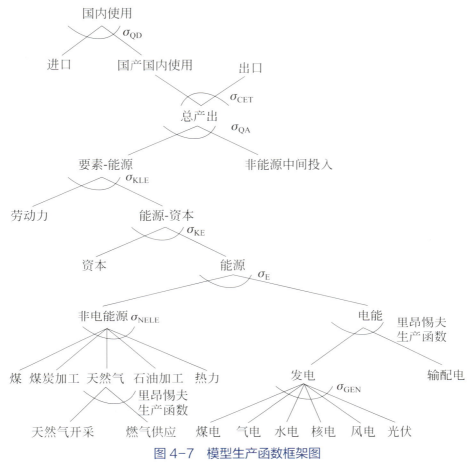

图 4-7　模型生产函数框架图

σ 表示相关要素之间的弹性，如 σ_{QD} 表示"进口"与"国产国内使用"两要素之间的弹性

4.5　模拟碳约束情景

中国将于 2060 年实现碳中和，而实现碳中和的基础就是碳定价和碳约束，核心是技术进步与社会变革。然而，没有碳约束，社会的技术进步可能是缓慢的，方向可能也不完全朝着低碳的方向进行。因此，我国在 2011 年着手准备碳交易市场，而在 2013 年正式启动了 7 个省市的碳试点工作，最后在 2017 年底提出建设全国统一的碳交易市场。全国碳排放权交易市场于 2021 年 7 月 16 日

正式开启上线交易，该市场是目前世界最大的碳交易市场，在中国实现碳中和的整体进程中被寄予厚望。

因此，模型以碳排放权交易构建基础的碳约束情景。由于在模型中假设标杆法的配额分配方案较为困难，模型采用依据碳排放强度的祖父法进行碳配额的分配。另外，假设在所有具有碳约束情景中，能源碳排放总量是相同的。无论在哪种情景下，政府都会通过控制碳交易市场的配额总量的方式控制碳减排的进程。具体到操作层面，就是将各行业的年度下降系数设内生变量，从而内生化碳排放权总量，但是外生全行业的能源二氧化碳排放量。

Toward Carbon Neutrality: Optimization of China's Coal-based Energy Industry

碳中和下中国煤基能源产业优化发展

第5章

煤基能源产业结合 CCUS 技术的综合成本效益分析

5.1 煤基能源结合 CCUS 技术的研究边界
5.2 煤基能源结合 CCUS 技术的规模与成本
5.3 CCUS 技术下的碳排放与能源结构转变
5.4 CCUS 技术下的煤基能源产业发展趋势
5.5 CCUS 技术下的经济社会福利变动

5.1 煤基能源结合 CCUS 技术的研究边界

根据中国煤基能源产业发展面临的碳约束压力与 CCUS 技术采纳的可能优势，通过采用展望和倒逼相结合的方式进行情景设计。本模型主要构建三个研究情景：碳约束情景、考虑碳约束和 CCUS 技术低渗透率情景（以下简称低渗透率情景）以及考虑碳约束和 CCUS 技术高渗透率情景（以下简称高渗透率情景）。三种情景的边界设定，如表 5-1 所示。

表 5-1　煤炭清洁高效利用决策优化模型（C-CEUM）情景设计

项目	碳约束情景	低渗透率情景	高渗透率情景
情景参数	・技术进步 ・劳动、资本禀赋 ・固定资产投资 ・碳达峰、碳中和约束	・技术进步 ・劳动、资本禀赋 ・固定资产投资 ・碳达峰、碳中和约束 ・较慢的 CCUS 普及率	・技术进步 ・劳动、资本禀赋 ・固定资产投资 ・碳达峰、碳中和约束 ・较快的 CCUS 普及率

碳约束情景在模拟全国碳交易市场运行的基础上，充分考虑风、光、水等可再生能源持续投资与技术进步参数，求解煤基能源产业的发展路径；低渗透率情景在碳约束情景的基础上，进一步考察煤电和煤化工行业以较慢且较低的 CCUS 技术应用速率后，整个煤基能源产业的发展路径变化；高渗透率情景与低渗透率情景类似，区别在于煤基能源产业应用 CCUS 技术的速率更快，且应用规模更大。两类情景下的 CCUS 技术渗透率参见图 4-6。

5.2 煤基能源结合 CCUS 技术的规模与成本

在假定的研究边界上，模拟结果显示，在不同渗透率情景下的 CCUS 项目总体规模的差异较大，如图 5-1 所示。在 CCUS 快速渗透的情景下，煤化工、钢铁和火电企业的排放量与产值相对于慢渗透率的情景下有较大的提升。同时，由于 CCUS 技术渗透率在高渗透率情景下更高，高渗透率情景下的 CCUS 项目的总体规模显著高于低渗透率情景。2057 年达峰，为 26.96

亿吨二氧化碳排放（未考虑90%的捕集效率）；而该年低渗透率情景下的CCUS总体规模为10.69亿吨。

图 5-1　不同情景下的 CCUS 项目的总体规模

不同情景下所有 CCUS 项目的综合成本如图 5-2 所示。由于 CCUS 的成本随着时间和总体规模的提高逐渐降低，因此，CCUS 项目的综合成本曲线

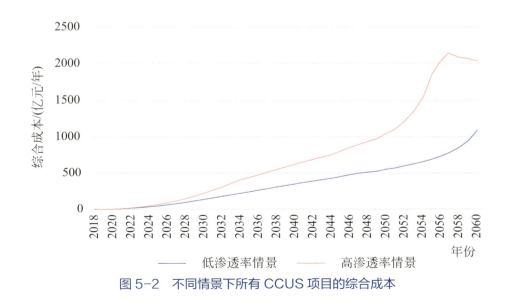

图 5-2　不同情景下所有 CCUS 项目的综合成本

的斜率小于图 5-1 的总体规模曲线的斜率。预计到 2060 年，高渗透率情景下 CCUS 项目的综合成本为 2045 亿元 / 年；低渗透率情景下的综合成本为 1080 亿元 / 年。

5.3　CCUS 技术下的碳排放与能源结构转变

5.3.1　不同情景下的碳排放量变化趋势

模型假定全社会碳排放总量是外生给定的，从而固定住所有反事实情景的碳排放总量，进而分析在相同减排水平线上，不同情景下分部门碳排放的变化趋势。

如图 5-3 所示，在实现碳中和目标的 40 年中，总体上可分为"三个阶段"：2020～2025 年碳排放总量减缓上升，2025～2030 年碳排放总量由波动下行到稳中有降，2030～2060 年碳排放总量加速下降。基准情景下，全社会二氧化碳排放总量 2029 年达峰，约为 106 亿吨。CCUS 技术普及应用情景下全社会二氧化碳排放总量将加速于 2025 年达峰，为 103 亿吨。2035～2060 年，CCUS 技术年均减排量约 10 亿吨。可见，CCUS 技术作

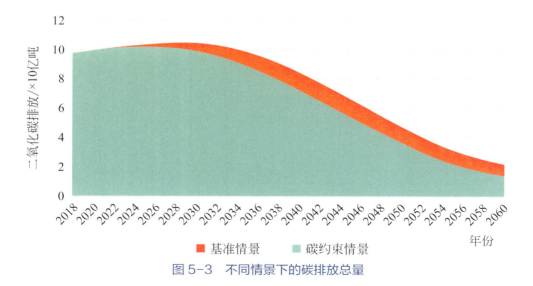

图 5-3　不同情景下的碳排放总量

为实现化石能源低碳化利用的主要技术手段，将为实现碳中和目标提供重要支撑。

如图5-4所示，碳约束情景下，煤炭生产、油气生产与加工、煤电的碳排放量总体呈现下降趋势且下降速率由快变平缓，而煤炭加工的碳排放量变化幅度较小且速率缓慢。具体来看，煤电的碳排放将最早达峰，约在2025年。"十四五"作为中国能源转型、电力结构调整的关键时期，电力发展将着力于清洁能源，煤电达峰的步伐相对较快。煤炭生产、油气生产与加工、煤炭加工的碳排放达峰时间也均早于2030年。

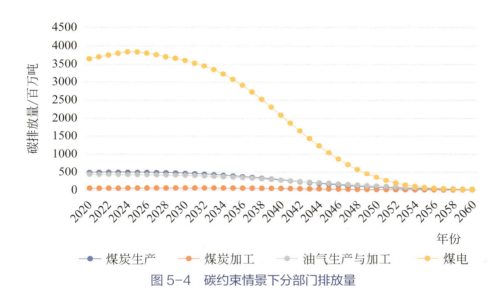

图 5-4　碳约束情景下分部门排放量

如图5-5所示，在实现碳中和目标的40年中，三种情景下碳价格均呈现上升趋势，且在2050年后上涨趋势明显加快。2050年以前，三种情景下的碳价格上涨速度均较慢，2050年的碳价格约为200元/吨。2050年后，碳约束情景与低渗透率情景下的碳价格均呈指数型增长趋势，至2060年，两种情景下的碳价格分别达1800元/吨、1200元/吨。这是因为随着减排压力的增加，社会总体的碳排放减排配额也趋紧，从而会逐步抬高碳价格。而高渗透率情景下的碳价格增长较为平缓，2060年的碳价格仅为400元/吨，接近CCUS的平均减排成本。在CCUS技术未获得大规模应用前，影响碳价格的因素主要包括宏观经济因素、政策因素、能源价格以及气候变化等，

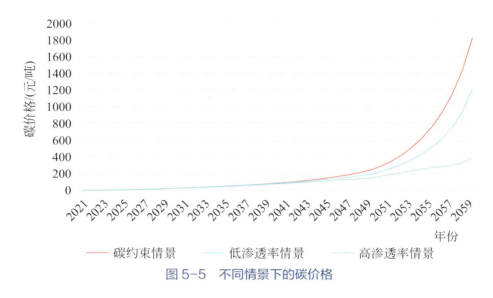

图 5-5　不同情景下的碳价格

而当 CCUS 逐渐获得大规模商业应用后，其边际减排成本将会对碳价格形成有力制约。CCUS 技术的普及能够缓解煤基能源产业的总体减排压力，从而有效缓解碳市场中碳排放配额趋紧导致的碳价格快速上涨。

5.3.2　不同情景下的能源结构变化

（1）能源消费量　如图 5-6 所示，碳约束情景下，能源消费总量将在 2031 年左右达峰，峰值约为 56.8 亿吨标准煤。具体来看，煤炭、石油、天然气消费量分别于 2025 年、2032 年、2030 年前后达峰，峰值分别为 29.4 亿吨标准煤、9.1 亿吨标准煤、7.0 亿吨标准煤。2060 年，煤炭、石油、天然气、水能、风能、光能、核能的消费量分别为 2.4 亿吨标准煤、1.9 亿吨标准煤、3.3 亿吨标准煤、7.5 亿吨标准煤、9.2 亿吨标准煤、15.8 亿吨标准煤、7.1 亿吨标准煤，届时风能、光能将成为主要能源来源。

从能源品种来看，煤炭消费量总体上呈现先上升后下降的趋势。煤炭消费未来仍主要集中在工业终端消费部门和火电部门。基于短期内可再生能源装机规模与技术水平限制，煤耗最大的煤电部门短期内仍将继续为能源需求提供保障。2030 年后，随着可再生能源装机规模及储能、运输等配套消纳技术取得持续性进展，煤炭消费量才会开始下降。石油消费总量在

第5章 煤基能源产业结合CCUS技术的综合成本效益分析

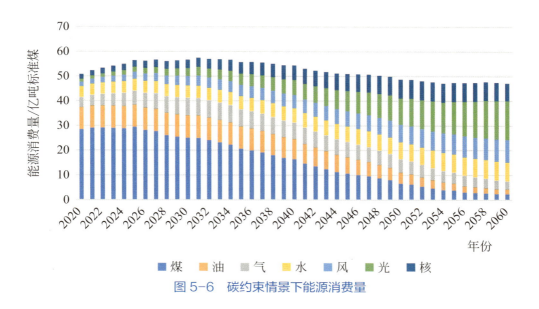

图 5-6 碳约束情景下能源消费量

短期内仍将增长。石油消费的增长主要源于人们对机动车辆的使用需求，但随着电动汽车的普及应用，交通领域的石油消费也将呈现先升后降。工业部门的石油消费增长主要来自石油化工，从中长期来看，工业部门在石油消费中的占比会由于天然气的部分替代而降低。天然气消费量呈先上升后下降的趋势，且上升速率较快、下降速率缓慢。从煤、石油、天然气相关产业碳排放占比来看，天然气消费造成的碳排放较小，在能源结构转型中发挥重要作用。中国的常规天然气有一定的资源基础，非常规天然气资源雄厚，加上对外资源的利用，天然气消费将在未来十年内继续增长。需要注意的是，我国油气对外依存度较高，对能源安全产生较大威胁，未来随着可再生能源的持续出力，油气的绝对消费量在经历上涨之后仍会逐渐下降。

可再生能源方面，风能、光能消费量呈持续上升趋势，成为未来能源结构中的绝对主力。中国拥有非常丰富的风、光资源，光能将成为中国未来能源供应和电力结构的重要贡献者。从图 5-7 中可以看出，在 2035 后，随着电网对风、光消纳技术的持续提高，风、光出力将逐渐迎来大规模增长。水能消费量的变化呈先上升后下降的趋势，且变化速率缓慢。总体来看，中国的水能利用已经得到大力开发，未来一段时间在能源结构中的地位仍会稳步上升，但空间比较有限。核能消费量总体同样呈上升趋势。核能作为一种稳定的大型基荷低碳能源，其对于世界能源供应和应对气候变化的贡献和重要性已经达成广泛共识。尽管国内核电发展目前处于低潮，但长期来看仍有较大发展空间。随着技术越来越成熟，核能将是推进绿色发展、建设美丽中国的重要能源选择。

如图 5-7 所示，在 CCUS 技术低渗透率情景下，能源消费总量将在 2030 年左右达峰，峰值为 57.4 亿吨标准煤。2030 年，煤炭、石油、天然气、水能、风能、光能、核能的消费量分别为 26.4 亿吨标准煤、10 亿吨标准煤、6.4 亿吨标准煤、5.0 亿吨标准煤、3.4 亿吨标准煤、2.8 亿吨标准煤、3.2 亿吨标准煤。2060 年，煤炭、石油、天然气、水能、风能、光能、核能的消费量分别为 3.8 亿吨标准煤、2.9 亿吨标准煤、4.3 亿吨标准煤、7.5 亿吨标准煤、8.9 亿吨标准煤、13.7 亿吨标准煤、6.2 亿吨标准煤。

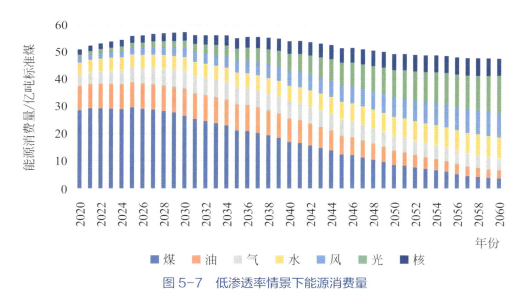

图 5-7　低渗透率情景下能源消费量

如图 5-8 所示，在 CCUS 技术高渗透率情景下，能源消费总量将在 2030 年左右达峰，峰值为 58.7 亿吨标准煤。2030 年，煤炭、石油、天然气、水能、风能、光能、核能的消费量分别为 27 亿吨标准煤、10 亿吨标准煤、6.5 亿吨标准煤、4.9 亿吨标准煤、3.3 亿吨标准煤、2.7 亿吨标准煤、3.1 亿吨标准煤。2060 年，煤炭、石油、天然气、水能、风能、光能、核能的消费量

第5章 煤基能源产业结合CCUS技术的综合成本效益分析

图 5-8 高渗透率情景下能源消费量

分别为 5.2 亿吨标准煤、3.8 亿吨标准煤、5.7 亿吨标准煤、7.2 亿吨标准煤、8.2 亿吨标准煤、12.5 亿吨标准煤、5.2 亿吨标准煤。此情景下 2060 年煤炭消费量约为碳约束情景下的 2 倍，这凸显了 CCUS 技术在助力化石能源近零排放的重要性。

（2）能源消费结构 如图 5-9 所示，碳约束情景下，低碳能源尤其是太阳能、风能将逐步替代煤炭成为主体能源。2030 年，传统化石能源的消费

图 5-9 碳约束情景下能源消费结构

117

占比为 75.70%，风、光、水、核等清洁能源消费占比为 24.30%。清洁能源将满足能源电力需求增量和化石能源退出的存量缺口，同时能够完成"2030 年非化石能源占一次能源消费比重将达到 25% 左右"目标。2060 年，太阳能和风能成为主体能源，消费占比高达 62%；煤炭、石油和天然气的消费占比降至 16%。

如图 5-10 所示，CCUS 技术低渗透率情景下能源消费占比的变动趋势与碳约束情景基本保持一致，各年份的能源消费占比情况稍有差异。2030 年，传统化石能源的消费占比为 77.23%，风、光、水、核等清洁能源消费占比为 22.77%；2060 年，风能、太阳能、水能和核能等清洁能源消费占比升至 77.00%，煤炭、石油和天然气的消费占比降至 23.00%，高出碳约束情景下化石能源消费总占比近 7 个百分点。可见，在 CCUS 技术较低程度的普及应用情景下，能够在一定程度上缓解化石能源退出的压力。

图 5-10　低渗透率情景下能源消费结构

如图 5-11 所示，CCUS 技术高渗透率情景下，2030 年，传统化石能源的消费占比为 77.76%，风、光、水、核等清洁能源消费占比为 22.24%；2060 年，风能、太阳能、水能和核能等清洁能源消费占比升至 69.00%，煤炭、石油和天然气的消费占比降至 31.00%，约为碳约束情景下化石能源消费占比的两倍。

总而言之，CCUS 技术的大规模应用给以煤炭为代表的化石能源转型

发展提供了非常大的空间。借助 CCUS 技术实现煤基能源的减排甚至是净零排放，是保障碳中和目标实现的必由之路。

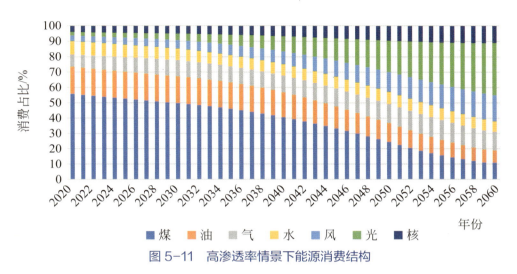

图 5-11　高渗透率情景下能源消费结构

5.3.3　不同情景下的电力结构变化

（1）发电量　如图 5-12 所示，碳约束情景下，煤电发电量的达峰时间为

图 5-12　碳约束情景下发电量

2029年，峰值为4.91万亿千瓦·时；而由于碳约束情景下碳减排压力较大，2060年煤电发电量降为0，为可再生能源让出较大空间。气电发电量的达峰时间为2031年，随后以较平缓的速率下降，2060年降至8970亿千瓦·时左右。2020～2030年，风电和光电的发电量增长较为平缓，2030年之后，风电和光电发电量快速增长。2060年风电和光电发电总量分别为5.38万亿千瓦·时、7.54万亿千瓦·时。

如图5-13所示，低渗透率情景下，2030年的发电总量为9.13万亿千瓦·时；2060年的发电总量增至约18.00万亿千瓦·时。

图5-13 低渗透率情景下发电量

如图5-14所示，在高渗透率情景下，2030年的发电总量为9.33万亿千瓦·时；2060年的发电总量增至17.90万亿千瓦·时。

综合三种情景来看，发电量均呈现稳步上升趋势。从需求端看，"十四五"时期新增电力需求可主要依靠增加非化石能源电力满足，以有效抑制煤电供给和煤炭消费量的反弹。从供应端看，水电和核电建设周期长，且水电未来开发空间有限，三代核电成本比煤电高；气电受到气源等限制难以大规模增长；风光发电比例上升明显。能源结构将呈现多元特点，水电、核电将提供主要的低碳电力，保留的火电系统将起到电源支撑和备份的作用。

第5章 煤基能源产业结合CCUS技术的综合成本效益分析

图 5-14 高渗透率情景下发电量

如图 5-15 所示，碳约束情景下，风电和光电将逐步替代煤电成为电力系统的主体能源。2030 年，煤电和气电的发电占比为 64.80%，水电、风电、光电以及核电的发电占比为 35.20%。这说明清洁能源将满足能源电力需求增量和化石能源退出的存量缺口。2060 年，风电和光电成为电力系统的发电主体，发电量占比高达 72.00%；煤电和气电的发电占比降至 5%。

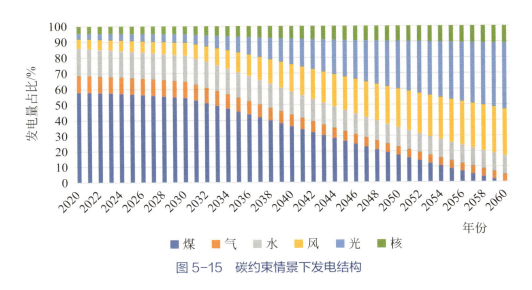

图 5-15 碳约束情景下发电结构

如图 5-16 所示，在低渗透率情景下发电结构的变动趋势与碳约束情景基本保持一致，各年份的发电量占比情况稍有差异。2030 年，煤电和气电的发电量占比为 65.22%，水电、风电、光电以及核电的发电占比为 34.78%；2060 年，水电、风电、光电以及核电的发电占比升至 88.72%，煤电和气电发电占比降至 11.28%。

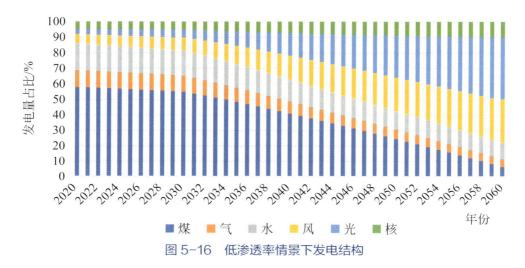

图 5-16　低渗透率情景下发电结构

如图 5-17 所示，在高渗透率情景下，2030 年，煤电和气电的发电量占比为 65.97%，水电、风电、光电以及核电的发电占比为 34.03%。2060 年，

图 5-17　高渗透率情景下发电结构

水电、风电、光电以及核电的发电占比升至 83.21%，煤电和气电发电占比降至 16.79%，是碳约束情景下火电占比的近 3 倍。可见，在 CCUS 技术高渗透率应用的情景下，能够较大程度缓解煤电退出压力。

（2）装机容量　如图 5-18 所示，2030 年，三种情景下的煤电装机容量依次增加，分别为 9.88 亿千瓦、10.64 亿千瓦、12.92 亿千瓦，说明 CCUS 技术的普及应用能够实现煤电系统的低碳化转型，从而减少煤电装机的退出。三种情景下风电和光伏总装机容量均超过 12 亿千瓦，占比均超过 20.00%。该结果能为"2030 年中国风电光伏装机容量将超 12 亿千瓦"的目标提供有力支撑。此外，三种情景下核电装机容量占比均比较小，主要原因在于，中国的核电发展受制于安全等多种因素，尽管长期上发展空间较大，但在短期内仍将面临较大的政策和技术阻力。

图 5-18　不同情景下 2030 年装机容量

如图 5-19 所示，2060 年，三种情景下的煤电装机容量分别为 0、3.75 亿千瓦、7.88 亿千瓦；风电和光伏总装机容量分别为 62.07 亿千瓦、57.73 亿千瓦、53.57 亿千瓦。可见，2030～2060 年，风电和光伏装机进入倍增阶段。2060 年，以风能和太阳能为主的清洁能源将基本实现对煤炭、石油等化石能源的替代。

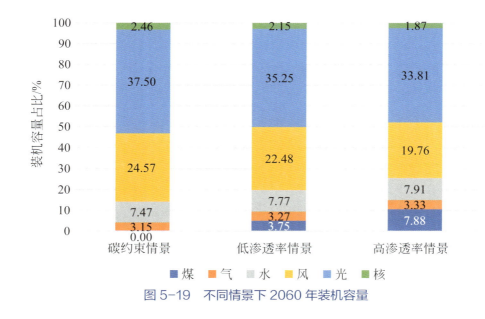

图 5-19 不同情景下 2060 年装机容量

5.4 CCUS 技术下的煤基能源产业发展趋势

5.4.1 煤炭产业发展趋势

如图 5-20 所示，煤炭消费量总体上呈现先上升后下降的趋势。三种情景下，煤炭消费量均于 2030 年前后达到峰值，约为 30.8 亿吨标准煤。2060 年，CCUS 技术高渗透率应用情景下的煤炭消费量为 5.2 亿吨标准煤，而碳约束情景下煤炭消费量仅为 2.38 亿吨，这再次表明 CCUS 技术在助力煤基能源产业实现清洁高效利用的重要性。

如图 5-21 所示，三种情景下，煤炭产业的资本投入均在 2025 年前后达到峰值，峰值约为 8000 亿元。随后，由于煤炭消费量的持续下降，三种情景下的煤炭产业资本投入以不同的变化速率下降，其中碳约束情景下资本投入下降最为迅速。至 2060 年，碳约束情景下煤炭产业资本投入降至 20 亿元左右，低渗透率和高渗透率情景下煤炭产业资本投入则分别下降至 2230 亿元、3810 亿元左右。

第5章 煤基能源产业结合CCUS技术的综合成本效益分析

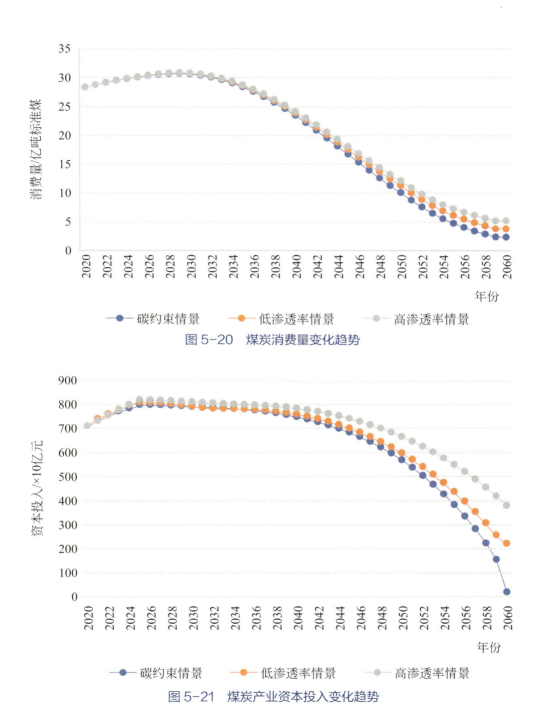

图 5-20 煤炭消费量变化趋势

图 5-21 煤炭产业资本投入变化趋势

图 5-22 给出了三种情景下的煤炭产业产值变化趋势。可以发现，三种情景下煤炭产业产值都呈现出先上升后下降趋势，约在 2030 年前后达到行业最大产值。未来煤炭生产应向资源富集地区集中，同时大型煤炭生产基地建设规模需要进一步优化，以提高保障能力。

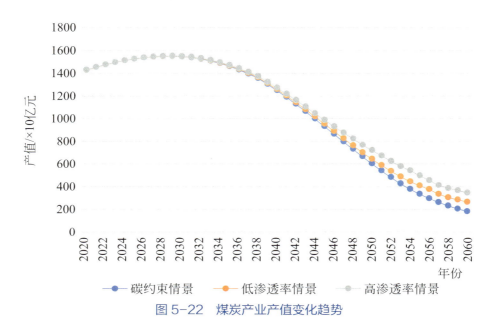

图 5-22　煤炭产业产值变化趋势

5.4.2　煤电产业发展趋势

如图 5-23 所示，碳约束情景下煤电产业发电量的达峰时间为 2029 年，峰值为 4.91 万亿千瓦·时；"碳交易 +CCUS 技术低渗透率应用"情景下煤电发电量的达峰时间为 2034 年，峰值为 5.07 万亿千瓦·时；"碳交易 +CCUS 技术高渗透率应用"情景下煤电发电量的达峰时间为 2035 年，峰值为 5.33 万亿千瓦·时。2060 年，三种情景下的煤电发电量分别降至 0、1.13 万亿千瓦·时、2.11 万亿千瓦·时。

如图 5-24 所示，三种情景下煤电产业资本投入均呈先上升后下降的趋势，且 2040 年以后下降速率逐渐变大。煤电产业资本投入主要用于实现煤电结构优化和转型升级，加大推进煤电机组的超低排放和节能改造力度。

第5章　煤基能源产业结合CCUS技术的综合成本效益分析

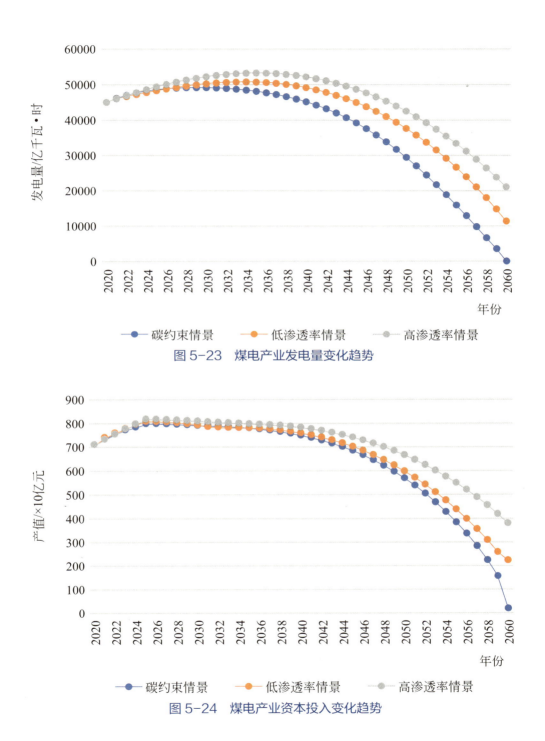

图 5-23　煤电产业发电量变化趋势

图 5-24　煤电产业资本投入变化趋势

从煤电厂角度出发，中国有能力在短期内立刻停止新建燃煤电厂，淘汰已落后的煤电产能，并通过降低利用小时数等方式，保障大部分煤电厂运行较为合理的年限（20 年或 30 年）后平稳退出。其中，上海、山东、黑龙江、河北、甘肃、辽宁、山西、吉林、青海和河南的煤电厂具备先退出的条件，主要由于这些地区的煤电厂生产技术落后（如东三省的老煤矿）、对人体健康和水资源的影响较大（如上海、山东、河北和青海的煤电厂）或利润率较低（如甘肃的煤电厂）。

如图 5-25 所示，煤电产业产值总体呈先上升后下降的趋势，且 2040 年后呈加速下降趋势。低渗透率情景下，2060 年煤电产业产值为 9800 亿元，已不足 2020 年产值的 30%，但高渗透率情景下，煤电产值仍达 1.6 万亿元，为 2020 年的 50% 左右。

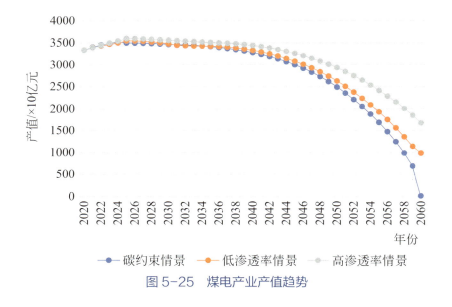

图 5-25　煤电产业产值趋势

5.4.3　煤化工产业发展趋势

如图 5-26 所示，煤化工产业资本投入总体呈先上升后下降的趋势。2030 年，煤化工产业资本投入约为 1550 亿元；2035 年，煤化工产业资本投入增至峰值，约 1586 亿元。随着国家节能减排和环境保护力度的持续加大，煤化工发展面临的资源环境约束也日益增加。若破解煤化工产业所处困境，势必要选择高端化和差异化的发展路线。

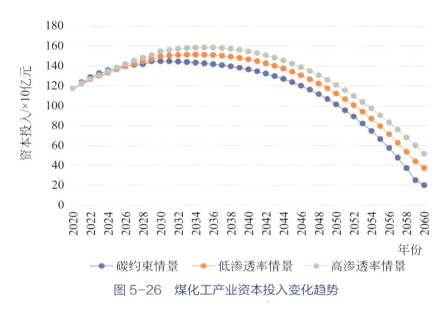

图 5-26　煤化工产业资本投入变化趋势

如图 5-27 所示，从煤化工产值可以发现，煤化工产业短期难以被替代，通过需求侧管理降低终端需求是最大抓手，生产能效提高。"十四五"期间

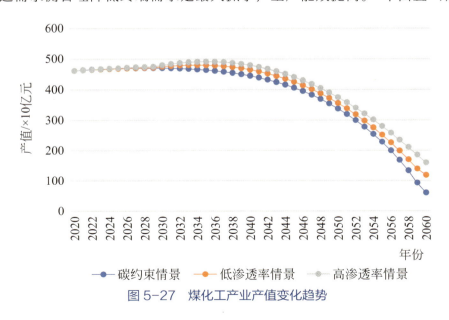

图 5-27　煤化工产业产值变化趋势

整体煤化工行业产值还会缓慢上升。因此，需要深入理解"十四五"期间国家碳减排目标对煤化工产业链的影响，根据当前的企业碳排放情况设计合理的碳减排目标，从资产角度出发制定具体的减排措施，分析其中的投资回报情况及可能的减排潜力，包括预估投资成本、运营成本、经济效益和对应风险的预估，从中找出最优碳减排路径。煤化工企业可主动排查并关闭低附加值产品生产线，通过数字化建立精细化工生产管控能力，也可升级为更成熟的新兴气化炉和燃料电气化技术，从而降低煤耗水平。

5.5 CCUS 技术下的经济社会福利变动

5.5.1 CCUS 技术应用对经济总量的贡献

煤基能源大规模应用 CCUS 技术后，在给煤基能源产业自身带来根本性变革的同时，还会以煤炭、电力等能源为介质对全社会的经济发展产生重要影响。煤基能源行业应用 CCUS 技术后，不同情景下的 GDP 变动，如图 5-28 所示。可以看出，随着 2060 碳中和目标的逐渐临近，碳约束压力对经济增长的负面影响逐渐增加，但 CCUS 技术可以一定程度上缓解经济下行压

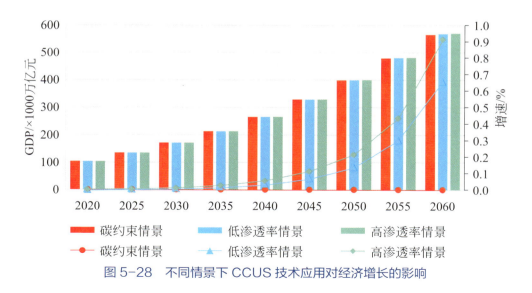

图 5-28　不同情景下 CCUS 技术应用对经济增长的影响

力。经测算，碳约束情景下，2020～2060年，GDP年均增速4.31%；到2060年，全国GDP总量达565.7万亿元。低渗透率情景下，2020～2060年，GDP年均增速4.33%；到2060年，GDP总量达569.4万亿元，比碳约束情景下高出3.7万亿元，GDP增速则比碳约束情景高出0.65%。高渗透率情景下，2020～2060年，GDP年均增速4.35%；2060年，GDP总量达570.8万亿元，比碳约束情景下高出5.2万亿元，GDP增速比碳约束情景高0.9%。

5.5.2　CCUS技术应用对就业的贡献

CCUS技术部署会在项目运行与管理、工程设计、金融、组建与设施生产等领域形成新的低碳岗位，从而推动相关行业低碳转型以及当地经济发展。因此，除煤基能源产业结构变革引致的经济增长水平变动外，CCUS技术的应用发展对三大煤基能源产业的就业产生影响。本书进一步对不同CCUS发展情景下的就业影响进行了分析，如图5-29所示。可以发现，相比于无CCUS应用的碳约束情景，低渗透率情景下煤炭、煤电、煤化工行业的就业人数将分别增加11.68%、21.96%、3.68%，CCUS更大规模应用的高渗透率情景对三大行业就业的影响则更加显著，三大行

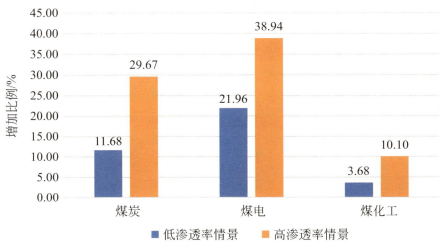

图5-29　CCUS技术应用对煤基能源产业就业的影响（2060年）

业就业人数的增加比例分别为 29.67%、38.94%、10.10%。上述结论表明，CCUS 技术应用将带来显著的就业红利，且煤电行业采纳 CCUS 技术获得的就业红利最大，其次是煤炭行业。CCUS 技术带来的就业红利可以有效避免煤基能源产业优化转型过程中的就业摩擦问题，尤其是对于煤基能源产业集中地区，相关就业人员较多，这可以防止当地大规模失业可能造成的经济社会风险。

5.5.3　CCUS 技术应用对价格、汇率和社会福利的影响

经济增长、就业充分及 CPI（消费者物价指数）稳定往往是最重要的社会经济目标。除经济增长和就业水平外，基于国内商品的价格水平、人民币汇率水平等指标的社会福利水平变动也是应重点关注的内容。由于煤基能源相关行业应用 CCUS 技术对全社会的影响最主要是通过煤炭这一基础能源品种所传导，所以首先对比分析了不同情景下煤炭价格的变化率，进而分析表征国内一般商品价格水平的变动。

如图 5-30 所示，碳约束情景下煤炭价格变化率波动幅度最大，在 2052 年价格变化率最大超过 5%，而低渗透率与高渗透率情景下煤炭价格变化率波动幅度明显降低，其中更大规模应用 CCUS 时煤炭价格变化率最高不超过

图 5-30　不同情景下的煤炭价格变化率

3%。这表明CCUS技术的大规模应用可以有效避免煤炭价格波动,由此降低可能引致的系统性能源供需风险。

图5-31进一步展示了2060年不同情景下CPI指数的差异。相较于碳约束情景,CCUS的大规模应用通过降低大宗商品价格引致了CPI的下降,其中高渗透率情景下CPI下降更加明显,下降幅度达1.91%。CPI是度量通货膨胀的重要指标之一,同时反映了货币购买力水平和职工实际工资的变动,是影响社会福利的重要参数。从这个角度而言,CCUS的大规模应用将会带来全社会福利的提升。

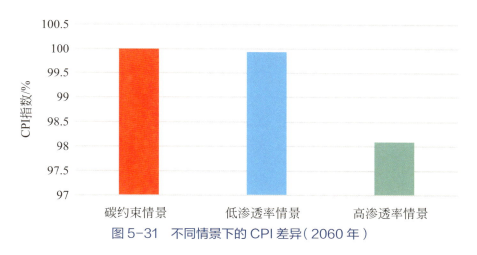

图5-31 不同情景下的CPI差异(2060年)

汇率是影响国家经济发展的又一重要指标。汇率会对进出口商品价格带来直接影响,从而在进出口贸易层面给国内经济社会发展带来影响。当一国外汇汇率上升,本币汇率下降,该国将抑制进口,增加出口,该国的进口替代工业和出口工业将会迎来发展机遇,进一步加快整个国民经济的发展,同时也能增加就业和国民收入。图5-32反映了CCUS技术应用对人民币本币汇率的影响。

可以发现,CCUS的应用有利于本币汇率的降低,并且伴随碳中和目标的逐渐临近,CCUS技术的作用愈加明显。至2060年,相较于碳约束情景,高渗透率情景下的本币汇率降低幅度超过2.5%。以人民币兑美元为例,2060年的人民币本币汇率,如图5-33所示。可以发现,三种情景下的人民币兑美元汇率分别为1.92、1.89、1.87。

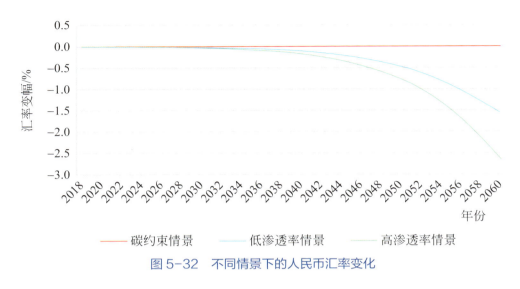

图 5-32 不同情景下的人民币汇率变化

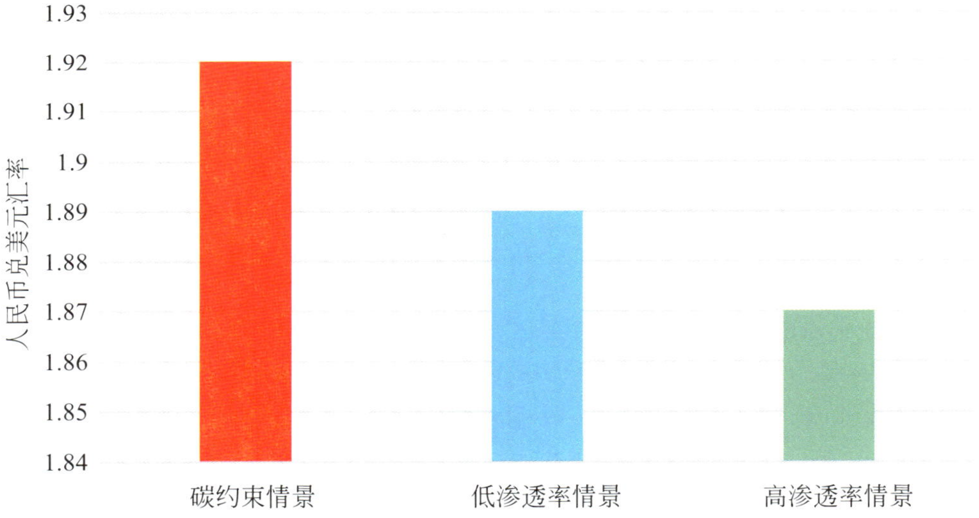

图 5-33 不同情景下的人民币兑美元汇率（2060 年）

最后，测算了 CCUS 技术应用对城乡居民福利水平的影响，如图 5-34 所示。可以发现，CCUS 技术的大规模应用可以显著增加城乡居民的社会福利。2060 年，相较于碳约束情景，低渗透率与高渗透率情景下，农村居民福利分别增加 1.19%、2.17%，而城市居民福利分别增加 1.45%、2.69%。这是因为城市居民的消费水平更高，导致了城市居民福利增加额相对较大。

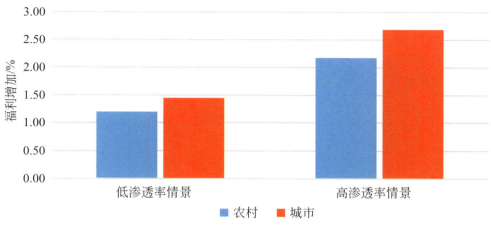

图 5-34　不同情景下的城乡居民社会福利变化

Toward Carbon Neutrality:
Optimization of
China's Coal-based Energy Industry

碳中和下中国煤基能源产业优化发展

第6章 煤基能源产业优化发展策略

6.1 发达国家煤基能源产业发展经验及启示
6.2 煤炭行业优化发展策略
6.3 煤电行业优化发展策略
6.4 煤化工行业优化发展策略
6.5 工业用煤行业优化发展策略
6.6 散煤治理对策建议
6.7 煤基能源产业转型展望

6.1　发达国家煤基能源产业发展经验及启示

煤炭是碳排放强度最高的化石能源，控制煤炭及其相关产业的增长并实现退出已成为世界能源政策的主流。目前，许多发达国家已经开启了大规模退煤进程，部分国家甚至已经完全实现了煤炭及其相关产业的退出。这些国家在退煤进程中采取的统筹规划、方式方法以及经验教训，能够为我国煤基能源产业的优化发展提供参考意见。因此，本节首先对主要发达国家煤基能源产业退煤路径进行总结与定性评价，随后结合发达国家经验与我国具体国情，指明我国煤基能源产业转型过程中应当把握的核心要点。

6.1.1　主要发达国家煤炭退出经验总结

已经开展了具体退煤工作的国家主要包括大部分欧盟国家、美国、日本等。其中，退煤成果较好的主要集中在欧盟国家，立陶宛、拉脱维亚、爱沙尼亚、马耳他、卢森堡、比利时、瑞典、奥地利等国已经明确完成了退煤工作，煤电在其能源结构中已经不占比例；法国、葡萄牙、意大利、爱尔兰、芬兰、荷兰、斯洛伐克、丹麦、匈牙利、希腊等国则明确表示将在近年完成退煤任务。美国与日本也都明确提出了退煤时间表，但受限于其原有的能源结构和能源强度，退煤进程相对缓慢。下面针对几个典型的国家进行分析，厘清其煤基能源产业退煤的核心路径。

（1）美国　由于丰富的煤炭资源禀赋以及相对优良的开采条件，美国的煤炭产量和消费量始终处于世界前列。鉴于煤炭具有高排放和高污染特性，美国较早开展了大规模、长期化的退煤工程。能源利用政策及清洁空气法案的陆续提出，为退煤提供了良好的政策和法规环境。2008 年金融危机后，美国的煤炭需求增速开始逐渐缓和，甚至出现下滑态势，煤炭在能源消费中的地位逐渐降低。整体来看，美国的退煤过程相对缓慢，但成效显著。2011～2019 年间，美国有 121 家燃煤电厂改为燃烧其他类型的燃料；超过 100 座退役燃煤电厂被燃气电厂替代，替代容量接近 30 吉瓦，煤电的加速退出使美国 2020 年一次能源消费中煤炭占比仅为 10%。

美国能够在退煤过程中取得突出成果与其本身的能源消费结构以及煤炭相关产业发展程度和重要性有着密切的联系。以 2013 年为例，美国的能源结构中煤炭仅占 18.6%，而石油和天然气的占比则分别高达 36% 和 27.3%。电力行业是煤炭消费需求的主体，占总煤炭消费的 93%；总发电量中 39% 为燃煤发电。也就是说，美国的煤炭消费主要集中于煤电行业，而煤电本身在美国的能源消费结构中并未占据主体地位。同时，美国的煤化工产业起步较早、技术相对先进，但并未形成单独的大型产业，从 20 世纪 70 年代至今，美国只建了大平原煤气化厂、伊士曼煤制甲醇及其衍生物等为数不多的煤化工项目，其消耗的煤炭资源也相对较少。煤炭、煤电以及煤化工产业的整体发展状况为美国实现快速高效退煤提供了良好的宏观环境。

美国煤基能源产业的退煤路径可以总结为：有序实现煤电次第退役，利用转型能源加速弥补缺口。由于美国的煤炭产能主要应用于煤电行业，因此，美国以煤电退役作为退煤的关键工程。而煤电的退役则具体包括了 4 个步骤：停产、拆卸、清理和再开发。针对产能落后的煤电企业，在宣布停产之后，发电设备（如除尘器、锅炉、涡轮机和发电机）将终止运行许可；拆卸下来的发电设备可以在其他工厂使用或作为废料出售，从而减少沉没成本；清理过程包括煤燃烧残余物的处理，此类污染物可以在现场垃圾填埋场或地表蓄水池中处理，也可以移到另外的地方以便再循环，在混凝土或墙板等产品中使用；再开发则主要涉及煤电厂的原有土地利用，将用地重新用于另一代技术或一些其他商业、工业或市政应用。由于美国初始的燃煤发电占比不低，因此煤电退役过程对美国整体的能源供应产生了较大威胁。为解决退煤产生的能源供应问题，美国主要采取了利用转型能源的方式。具体来说，美国没有直接利用清洁能源发电弥补煤电退役导致的能源供应缺口，而是利用天然气和核能推动能源转型。在美国煤电退役的过程中，天然气以及核能的份额迅速增加，而可再生资源发电占比则变化不大，石油份额亦在稳步下降。伴随着煤炭在能源消费中的逐步退出，取而代之的是更多的天然气消费以及核能消费。这一方式既充分发挥了美国在天然气禀赋以及核能技术方面的优势，又避免了大规模可再生能源发电可能带来的电力供应不稳定等问题。

美国的煤炭发电量在 2020 年已经降至了 1972 年以来的最低点，退煤政策取得了明显成效。但煤炭发电量仍占该国总发电量的19.3%，与核电（19.7%）大致相同。即使快速的煤炭及煤电退出是不可逆的，美国长期的退煤任务也远未完成。对于美国来说，随着煤炭产业的整体式微，逐步淘汰煤炭产能将从国家层面的战略性目标，逐步调整为地方层面的区域性目标。换言之，退煤挑战不再是总体上减少煤炭使用，而是在煤炭仍然占主导地位的地方逐步淘汰煤炭，从而最终实现国家层面的退煤，这也将是美国退煤进程的新阶段。

（2）日本　与美国相比，日本的能源和资源储量都相对较少，日本的传统化石能源消费基本依靠进口，因此其受国际能源市场的影响很大。日本以钢铁业为代表的重工业仍需要煤炭作为支撑，所以日本的煤炭消费在不断增长。2011年，日本爆发福岛核电厂事故后，能源结构中去核速度加快，这进一步加剧了日本对煤炭和天然气发电的依赖。

相对其他发达国家较为激进的退煤路径，日本由于深受核能事故的影响，对于煤基能源消费保留了较高的预期。2014年4月发布的第四次《能源发展战略》，为日本能源政策在福岛核事故后的走向奠定了基调。该战略把煤炭定位为最经济的能源，是电力需求的基本保障。而由煤炭使用带来的碳排放问题主要通过发展煤炭清洁化和CCUS技术来解决。由于在能源安全方面存在很大的挑战，日本仍然会逐步重新启用核电来保障基本的电力供给。因此，日本当前的退煤进程仍旧处于控制煤炭消费增长的初期，进入平台期后，将通过清洁化利用煤炭和大规模退煤来推进整体退煤进程。日本目前仍正在建设中的煤炭项目，主要由四国电力公司和杰拉公司等公用事业公司负责，目的是替换效率较低的旧设备。随着天然气价格的下降，燃煤电厂的竞争力在客观上受到冲击；可再生能源的迅速发展也使得日本退煤速度加快。

2021年4月，日本宣布将在2030年之前将其温室气体排放量与2013年相比减少46%，进一步强化了日本在《巴黎协定》下的减排承诺。2020年，日本政府决定，到2030年将关闭约100座效率低下的燃煤发电机组。日本首相在2020年10月承诺——日本将在2050年实现碳中和。但由于日本自身能源消费中煤炭占比较高，短时间内难以寻找替代能源，因此迄今尚未就退煤日期做出决策。

但日本的退煤路径也相对较为明确——通过发展可再生能源实现对煤炭

消费的替代。日本宣布提升海上风电装机目标,将在2030年实现10吉瓦的装机,2040年提升至30~45吉瓦。发展海上风电,有效利用了日本海岸线漫长、洋流气候等自然特征,产能潜力巨大。目前,日本已经从取消新建燃煤电厂入手,逐步实现对煤炭尤其是煤电能源依赖。

(3)英国与法国　英国与法国的退煤路径具有较大的相似性,均采用了设置短期时间表的强制退煤方式。自1882年伦敦开设第一个发电站,煤电就一直是英国文化的标配:一方面,煤电的发展使英国得以进行第一次工业革命;另一方面,煤电带来的严重环境污染也引起了巨大争议。伦敦烟雾事件在1952年就提醒了英国政府,煤炭的大量使用将会带来严重的环境问题,通过开展调查、研究,1956年英国政府出台了《清洁空气法案》,法案包括禁止排放黑烟,加高烟囱,在部分地区设立无烟区,并改造无烟区内的壁炉,用其他燃料替代煤炭等措施。20世纪70年代,英国能源结构的转变也因为发现了北海油田而得到进一步推进,这也为英国后期退煤提供了充足的替代能源。80年代,由于国产煤炭竞争力越来越差,逐步关停煤炭工业。到20世纪90年代,英国矿井仅剩下50个,英国煤炭公司还建议再关闭31座矿井,虽然遭到了社会各界反对,但最终还是只留下了20座矿井,将煤炭产量减少到5000万吨,在能源消费中的占比仅为7%。

当英国新修订的《气候变化法》生效后,便率先计划在2023年实现严格限制燃煤发电,在2025年前完全退出煤电。近年来受高额碳价和英国碳税的影响,燃煤电厂已经大幅被燃气电厂替代,运行时间大幅缩减,在2021年4~6月创下了连续两个月零煤电的纪录。由于英国本身能源结构中煤炭占比较小,因此其退煤路径更为简便,退煤导致的能源供应缺口主要通过大力发展海上风能和推进新一代核能研发来弥补。

法国具有与英国类似的退煤路径,同样较早地开启了全方位的退煤工作并且已经基本实现了全部煤电退役。法国政府于2015年颁布《能源转型法》,明确了国家在环境保护方面的目标:降低能源消费,控制气体排放,减少化石能源包括核能的使用等。这为退煤提供了充分的政策保障。在法国初始的能源结构中,核能远高于其他能源类型,2017年煤电所占比例仅为2.3%,退煤任务相对较轻。因此,法国的退煤路径更为直接,将燃煤电厂相继关停后由其他能源类型补齐供应缺口。

(4）奥地利、瑞士、冰岛等　奥地利、瑞士、冰岛等国已经基本实现或接近实现完全退煤的目标。这些国家在能源结构、资源禀赋、社会结构方面具有较高的相似性，因此其退煤路径也大致相同。

奥地利在 2019 年 4 月完成了退煤，在 2030 年的可再生能源发展目标中，风、电、光伏成为主角。瑞士则是以水电和核电为主。目前，瑞士超过 90% 的电力都是零碳的，结合瑞士光伏建筑发展潜力大的优势，如果可以合理利用屋顶潜力，使屋顶光伏与建筑一体化，提供的能源便足以支撑其退煤退核之后的电力需求。冰岛同样较早地开展了能源革命，为该国实现完全退煤提供了良好的基础支撑。冰岛的退煤方式主要通过发展地热能和水电进行替代，在替代能源供应充足后，相继关停燃煤电厂。

与上述这些国家类似的还有挪威、瑞典、芬兰、丹麦等国，这些国家无一例外具有人口相对较少、可再生能源禀赋丰富、初始煤炭依赖程度较低等特点。同时，这些国家均为发达的高福利国家，能源需求上升幅度慢，工业体量较小，与煤炭相关的工业所占份额少。在实现完全退煤的过程中，这些国家具有先天优势，因此能够在退煤过程中取得明显成效。

总结来看，发达国家的退煤路径普遍以煤电退出为核心，根据本国具体情况，采取逐步关停或统一退役的方式淘汰煤电，同时通过发展可再生能源或其他替代能源弥补煤电退出所导致的能源供应缺口。但是，大部分发达国家的退煤历程对于中国并不具有直接的借鉴意义。退煤成效明显的国家诸如奥地利、瑞士、挪威等国，普遍具有能源需求量小、工业体量小、可再生能源禀赋强的特点，同时原有的煤基能源产业体量较小，转型相对容易。而英国与法国的退煤路径同样具有初始能源结构中煤炭消费占比较少的特点，转型难度小、退煤路线更为灵活。此类在较短时间内实现强制性退煤的方式无法为我国所直接引用。美国、日本的初始能源消费结构中煤炭占比不弱，但与中国以煤炭消费为主的能源结构相比则相差较大，同时美国较好的天然气禀赋中国并不具备，因此中国退煤后产生的能源供应缺口可能要更多地依赖清洁能源的补齐，这一点则与日本类似。而美国和日本的具体退煤路径也无法直接照搬到中国的退煤实践中，主要原因在于不同国家的退煤路径充分考虑了本国所具有的替代能源禀赋情况，并且普遍没有面临煤炭在能源结构中占据主导地位的困境。

6.1.2 对我国煤基能源产业优化发展的启示

发达国家的能源替代充分依赖本国的可再生资源禀赋,因此中国的煤基能源优化发展路径也应当体现出一定的地域性,保证新能源替代能够因地制宜。除了需要考虑煤电转型之外,还需要考虑煤炭相关的钢铁、化工等产业的煤炭消费问题。这些产业具有分布较为集中、产业规模大的特点,因此相关优化策略除了需要考虑能源替代之外,还需要与产业所在地的经济发展任务、经济转型状况结合。这就更加要求中国煤基能源优化发展路径应当比发达国家有更好的区域性和针对性,即除了需要构建全国性的整体优化方案外,不同区域、省份都应根据退煤任务设置符合当地情况的退煤路线图,实现中央统筹规划-地方具体实施-中央监管支持的结构化退煤组织架构。总结发达国家已有的经验,中国煤基能源产业转型需要注意以下几个方面。

(1) **转型过程要确保能源系统安全稳定运行**　由于中国能源结构中煤炭占比较大,退煤过程必然产生巨大的能源供应缺口。相对发达国家,中国的新能源产能仍难以充分满足退煤导致的能源供应缺口;同时,中国作为发展中国家,能源消费总量仍在持续增长,这进一步增大了退煤过程中的能源短缺风险。因此,中国的退煤路径应当充分考虑并保障能源系统的运行流畅。具体来说包括以下三点。

一要避免盲目关停和突击退煤,保障能源安全。英国、法国以及奥地利、瑞士等欧洲发达国家普遍采用了直接关停煤电的方式,快速高效地实现了退煤任务,但这种方式不能直接移植到中国情景下使用。这是因为,中国相比这些国家而言,初始的煤炭依赖程度更高,同时目前尚未寻找到有效的能源替代途径。如果盲目关停煤电企业,将给中国的能源供应带来巨大冲击。正因如此,在制定具体的退煤路径时,应当建立长效反馈机制,设定阶段任务,动态化调整退煤目标与应对措施。若无法建立分阶段、分步骤的退煤路径,则很容易出现时间节点来临时的突击性退煤,给能源供应系统带来冲击,引发区域性社会矛盾等问题。

二要处理好煤炭和相关产业的协调发展,保护经济竞争力。这一点中国与大多数发达国家不同,煤炭的主要用户,除了发电,还有钢铁、建材和化工等,这是中国作为发展中国家和工业化转型国家的独有困境。2020 年,四大行业累计煤炭消费量分别为 21.9 亿吨、7.3 亿吨、4.9 亿吨和 2.9 亿吨。也就是说，除了煤电退出外，煤炭相关的工业行业也要面临着煤炭替代的问题。这就要求中国的退煤路径不能照搬发达国家的以退出煤电为核心的方式，而要统筹兼顾煤炭、煤电、煤化工、钢铁等多个行业的生产和用能情况。

三要处理好退煤和经济社会的协调发展，确保社会稳定。退煤的过程中，将不可避免地对煤炭企业、矿工和以煤为主的城市造成冲击。面对不断推进的退煤进程，煤炭企业、矿工和政府，都要早做准备，提前规划，妥善处理好冗余职工的再就业和社会保障等，可以利用转移支付的方式避免社会矛盾。

由于不同地区在经济发展和低碳能源禀赋等方面的巨大差异，应推动区域间能源协调发展和互联互通，实现能源的综合高效利用。此外，还应在制度层面进行创新，打破地域限制，建立促进区域能源协调发展的制度框架和平台。如通过产能许可证交易制度，让产能流向优势企业和地区的同时，对退煤企业和地区进行经济补偿。

（2）长期优化策略与短期退出路径相匹配　与欧洲大部分国家相比，中国对煤炭的依赖较强，同时替代能源发展相对缓慢，因此短期内实现快速退煤并不现实。因此，中国煤基能源产业的退煤路径应当具有长期性的特征。而对于长期的退煤路径，应当针对不同退煤阶段，提供有效的短期路径，以保障退煤的每个阶段都能高效完成。

就煤电的退出来说，现有煤电站中各项指标较为落后的应当尽快淘汰。这些落后煤电大多位于环境问题严峻的地区，尽快淘汰有助于实现改善当地环境、促进经济发展等目标。保留的煤电将控制设备利用小时数逐渐降低，保证充分利用现有资源的同时不对碳中和目标带来阻碍，尽量降低对经济发展的影响，改善区域不平衡状况。同时，也应注意尽快停止新建煤电机组。美国、日本等发达国家的退煤路径同样具有长期化的特点，但其最初阶段均是从停止新建煤电项目入手，逐步淘汰现有煤电产能。到 2021 年初，中国的在建煤电容量大于 88 吉瓦，还有处于前期准备或审核阶段的 158 吉瓦煤电机组，如果这些项目全部落地，煤电总装机量将会有 20% 以上的增长。停止煤电项目的上马可降低固定成本搁浅的风险，让现存煤电机组更有效率地退出。

（3）强调技术手段与市场化手段 对于煤基能源产业来说，提升效率以减轻对煤炭资源的依赖和减少碳排放是关键。由于发达国家煤化工产业规模普遍相对较小，针对煤化工的具体退煤路径也并不明确，但大多数煤炭相关工业在退煤过程中实现转型的主要方式为产业转移或技术效率提升。钢铁、化工等工业对煤炭需求具有一定刚性，同时短时间内无法实现产业转移。因此，在退煤过程中，要保证电力系统的清洁化后再根据燃煤相关产业的具体分布和产业规模等情况逐步退煤。燃煤退役的完成关键在于燃煤工业的退出。中国的退煤路径应当考虑逐步退出效率低、绩效差的燃煤工业企业，同时，积极引导相关工业超前布局转型，避免临时关停带来的经济和社会问题。在对燃煤工业的完全强制退煤之前，技术进步与效率提升则作为尽可能减轻对煤炭依赖程度的关键推动力。

采用市场化手段的倒逼实现逐步转型和关停能够实现对燃煤工业企业的筛选性退役，对于燃煤的次第退出有充分的效率提升作用。欧洲国家能够迅速实现退煤，很大程度上借助了碳市场的作用。自 2016 年以来，欧盟发电厂排放二氧化碳的价格从每吨 5 欧元增加到近 40 欧元。这就使得排放强度较高、经营相对困难的煤电企业率先退出，减轻了退煤过程中面临"僵尸企业"的问题。对于中国来说，进一步发展碳市场，将碳市场引入更多的行业将势必能够促进退煤过程的有效实现。利用市场化机制，倒逼最应当被淘汰的用煤企业率先退出。

6.1.3 中国煤基能源产业的优化思路

碳中和实现过程中，能源的低碳清洁利用将是必然环节。因此，中国当前以煤炭为主的能源消费结构也将得到逐步调整。如何在保障能源供应的前提下妥善降低煤炭利用比重、推动煤炭相关产业的转型以及减少电力系统对煤炭资源的依赖，始终是碳中和进程中的关键任务。

中国与部分发达国家国情有所差异，发达国家煤炭消费主要用于发电，重工业较少，散煤消费有限，因此其减煤主要就是减少煤电，我国工业用煤和散煤消费在煤炭总消费中占比高达 45%，这方面减煤潜力仍然很可观，且在这方面中国拥有相对成熟的技术手段和较低的成本。中国减煤的重点在短期内主要是降低工业用煤和散煤消费,对煤电总量严加控制,尤其是新增煤电项目要尽快停止,现存的煤电则要通过长时间缓和渐进的方式来退出。

推动煤炭利用比重的降低,可以具体地从煤炭利用流向的角度进行逐一安排。中国煤炭的主要流向包括四个方面:散煤利用、工业用煤、煤化工行业以及燃煤发电。首先,散煤利用主要指的是小锅炉、家庭取暖、餐饮用煤等民用的煤炭利用方式。由于散煤利用具有燃烧效率低、缺少烟气净化装置以及超低空排放等特点,散煤利用往往是所有煤炭利用方式中污染最大、碳排放最高的煤炭终端流向。第二个去向是工业用煤,主要的用煤行业包括钢铁、水泥等建材行业以及其他重工行业。由于中国产业结构中用煤工业行业占比较高,因此用煤量始终保持在较高水平。同时,由于工业用煤的工艺以燃烧利用为主,因此难以直接用清洁能源电力实现直接代替。与工业用煤类似的则是化工行业用煤,即煤化工产业用煤。从本质上讲,煤化工行业与其他用煤工业行业都是工业生产中对煤炭的利用,但煤化工用煤与工业用煤的不同之处在于,前者煤炭用作基础原料,而后者往往煤炭用作动力或辅助原料。因此,煤化工用煤同样具有难以由清洁能源直接替代的特点。煤炭利用量最大的是煤电行业,中国有一半左右的煤炭用于火力发电,由于电力供应涉及更大范围的工农业生产以及居民生活,解决电力部门对煤炭利用的依赖将对调整中国能源结构以及实现碳中和产生重要的推动作用。而电力部门的煤炭利用则可以通过妥善安排,依靠清洁能源发电实现逐步替代。

具体针对不同的煤炭利用流向设计转型路径从而构成中国完整的减煤路线,能够实现中国减煤进程的阶段化并保证有效性。

针对煤炭的散煤利用方式,中国当前已经取得了较好的退煤成效。由于散煤燃烧基本都是低空直排,污染物极易被人吸进体内,对人体健康影响更加直接,并且是雾霾形成的重要原因,因此,中国已经在解决空气污染的进程中对散煤燃烧做出了重要应对。主要的应对方式为,利用行政干预手段,完全禁止燃烧散煤,并依靠国家行政部门定期或不定期对辖区内潜在的散煤燃烧场所进行检查,对发现问题的单位按照制度要求限期整改。随着强有力的行政督察手段的实施,散煤燃烧逐步减少。可以预见的是,中国将在短期内完全实现在散煤燃烧方面的退煤工作。

工业用煤主要指的是利用煤炭为工业生产提供动力或提供热能,主要的用煤工业部门包括炼焦、冶金、建材等，这些工业部门的最终制成品则主要用于基础设施建设或建筑行业。随着中国城市化建设速度逐步放缓，国内对于相关工业产品的需求也将逐步放缓，这为相关行业的去煤化提供了天然机遇。工业用煤的增减与产业结构、煤炭利用技术密切相关。由于当前中国钢铁、建材等行业正在趋于饱和，如果能够有效引导主要用煤工业部门的产业升级以及产业转型，将有助于工业用煤的退煤。同时，进一步利用技术手段提升煤炭燃烧利用的效率水平，减少用煤过程中的碳排放，也将是推动工业用煤退煤的重要方式。"十四五"期间需要在工业用煤方面做出明确的规划，包括对工业炉窑进行能效升级或使用替代燃料，回收利用废钢也要进一步加大力度，将依托太阳能的电解水制氢和氢能炼钢等新技术逐步利用等。

煤化工行业用煤同样是工业生产过程中对煤炭的利用，但与其他工业行业的利用方式不同，煤化工行业以煤炭本身作为核心的原材料，对煤炭进行深加工从而形成油、气、甲醇和烯烃等工业品。针对煤化工的工业制成品进行进一步分析可以发现，主要利用方向有两个：一是替代石油天然气作为液态或气态燃料，如煤制油、煤制气；二是作为其他化工行业的原材料进行深加工，如利用煤制烯烃制作塑料制品。前者涉及能源安全问题，在中国特有的能源资源禀赋条件下，煤制油气等行业必须保留一定规模的产能水平，因此仅能通过提升效率的方式减少相关行业的煤炭用量。后者则与工业用煤的最终流向类似，由于煤炭通过多环节的工业加工，最终成为民用产品，因此这一部分同样可以利用产业结构调整以及提升煤炭利用效率的方式实现逐步减少。

中国减轻对煤炭资源依赖最关键的行业是煤电行业。煤电行业对煤炭的利用占了中国整体煤炭利用的大部分，且2019年煤电在全社会发电量的占比为62%，规模较大。因此，减弱电力行业对煤炭的重度依赖是降低电力部门碳排放以及实现煤炭系统优化的关键与核心。

实现对电力行业的减煤，也就是推动煤电行业逐步转型、削减煤电行业规模的过程，其核心手段在于推动电力系统以煤电为主要发电方式向以清洁能源为主要发电方式的转型，即减少对燃煤电厂的利用，同时以清洁能源发电补齐由此产生的电力供应缺口。同时，由于煤电短中期可以满足电力需求的增长，中长期可以为不稳定的风光备份和调峰，应对极端气候灾难。煤电不能通过直接退出或取缔的方式减少利用,而应该通过灵活性改造、清洁化转型、参与辅助服务等方式保留仍在运行寿命内的煤电厂,逐步降低其利用小时数,作为电力结构中不可或缺的一部分。

可以看出,除了煤炭的散烧利用外,其他的利用方式都无法完全取缔,也就是说,减煤目标不能采用断供停需的方式完成。具体来说,考虑到中国长期的经济发展与健康的产业结构,钢铁、化工等用煤行业不能实现完全的产业跨国转移或产业退出,因此这些行业对煤炭的利用将无法完全取消。同时,煤炭对中国能源安全的"兜底"保障作用是构建低碳清洁安全高效能源体系的重要基础,完全取缔对煤炭的利用既不现实也不必要。也就是说,中国的减煤路径必然是循序渐进的,且不能以完全退煤为目标。因此,减煤路径中,既要考虑减煤的阶段性目标又要考虑如何对待无法完全取缔的煤炭利用,使留存的煤炭消费低碳化。考虑到减煤的本质原因在于煤炭的高碳排放,对于留存部分的煤炭利用,可以通过助推各行业的煤炭低碳清洁高效利用,尽可能实现"用煤(碳)不排碳"或"用煤(碳)少排碳",从而形成"低碳化转型+高技术升级+需求决定的适度规模"的煤炭行业。同时,通过提升效率和清洁利用的方式显然无法完全解决煤炭的碳排放问题,因此对于适度规模下的煤炭利用,必须发挥负排放技术的作用,抵消这部分煤炭利用产生的碳排放。将二氧化碳捕集、封存与利用(CCUS)为代表的去碳技术发展提上主要议程,推广"燃煤电厂+CCUS""煤制氢+CCUS""煤化工+CCUS"等方式。总结上述分析和讨论,可以构建出如图6-1所示的中国退煤主要路径图。

在中国实现煤基能源产业优化发展的过程中,整体的步骤仍然难以明确,依此制定相关政策仍旧缺乏着力点。除了针对散煤利用外,当前针对其他煤炭利用方式实现减煤应当采用何种具体的途径以及怎样的步骤,同样缺少更为具体的安排。整体上,中国的减煤步骤应当以解决电力行业对煤炭的高度依赖为主要方向,结合宏观经济和技术进步情况对其他煤炭利用方式的退煤进行合理安排。

对于减轻煤电在电力行业中的比重,核心在于实现煤电厂发电小时数的有序降低以及负排放技术的逐步利用。发电小时数的降低可以采取的方式为拆除煤电厂或留存煤电厂但限制其利用时长。两种方式相比,前者不仅会产

第6章 煤基能源产业优化发展策略

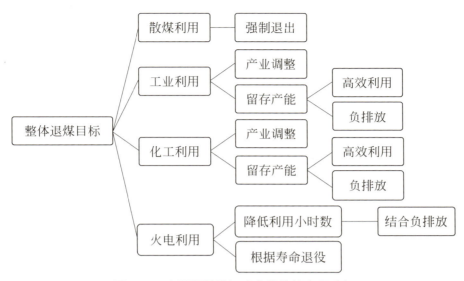

图 6-1 中国煤基能源产业优化的主要路径

生大量的沉没成本，而且关停后由于缺少煤电的支撑，可能使整个能源系统的脆弱性增加，难以有效应对极端事件或极端气候；而后者则避免了过量沉没成本的产生，并且能够在电力系统摆脱煤电依赖后，配合相对不稳定的风电光伏，保障系统稳定和应对极端气候。因此，降低煤电的发电小时数应当以如下方式实现：①可以预见的是，新建的煤电项目都与中国长期的深度减排路径相违背，继续建造新的燃煤电厂将大大提高资产搁浅的风险并且增加未来减少煤电依赖的难度，因此应当立即停止新建电厂的建设；②对于目前正在运行的煤电厂，根据具体的运行年龄，陆续实现自然退役，既不通过技术和工程手段延长煤电厂的寿命，也不提前关停煤电厂；③由于中国当前煤电厂的平均运行年龄约在 12 年，按 40～50 年的平均年龄计算，通过自然退役解决电力系统对煤电的依赖将延缓中国的碳中和进程，因此需要根据实际情况限制煤电厂的利用小时数，以目前 4400 小时左右的煤电利用小时数作为基础，设置限制目标，稳妥推进发电小时数的减少，并利用清洁能源发电补齐由此产生的电力供应缺口。

除了降低煤电的发电小时数之外，为留存的煤电寻找更加低碳的利用方式、解决煤电的碳排放问题，也是优化煤电产业的重要途径。通过降低发电小时数的方式解决电力部门对煤炭的依赖，使负排放技术对于电力系统碳中和至关重要。由于当前负排放技术成本高、工艺流程复杂，因此负排放技术的陆续引入应当主要针对当前剩余使用寿命较长、技术水平较高的燃煤电厂，这类燃煤电厂将在煤电发电小时数逐步降低的过程中继续担任保障电力安全、为可再生能源提供调峰的角色，自然退役时间较晚，能够通过"煤电+CCUS"保证煤电行业在碳达峰实现后碳排放的长期下降。同时，限制煤电行业的发电小时数的具体目标，应当充分考虑清洁能源电力的装机增长情况，设置的减少发电小时数的目标不应过高，否则必然导致电力供应紧张。也就是说，煤电发电小时数的减少必须以有清洁能源电力的弥补作为前提。因此，煤电行业的减煤应当统筹考虑当前所有煤电厂的装机水平和剩余运行年龄，并计算出各年份自然退役的煤电厂数量及对应装机，依据技术进步及建设周期情况对清洁能源发电的装机制定对应的增长目标。

具体的发电小时数减少目标需要根据以下原则计算：①首先根据预期的技术进步情况设计出预期增长的清洁能源发电装机规模及其对应的大致发电量；②根据经济发展状况计算出预期增长的电力需求；③计算因自然退役所导致的煤电减少的发电量；④将预期增长的清洁能源发电量减去②、③的结果，可以得到能够用于替代煤炭发电的清洁能源电力增长量部分，这部分发电量即为可以从煤电中退役的发电量部分；⑤将④中计算的煤电发电减少目标量，根据剩余的煤电厂装机情况测算出应当压减的煤电发电小时数。其中，在设置发电小时数降低目标时应当遵循的原则是，至少保证提前 1～2 年使新增清洁能源发电满足煤电发电小时数降低后带来的电力供应缺口，从而保证煤电行业减煤的有效实现，同时尽可能避免在减少发电小时数过程中，因为经济波动或清洁能源不稳定所导致的煤电利用复增。

此外，要对煤电总量进行严格控制，尤其是新增煤电项目要尽快停止。中国的电力消费还存在很大的增长空间，未来增加的电力需求应当通过非化石能源提供。相关政府部门要注意大力发展非化石能源，引导资本流向相关产业以降低非化石能源的成本并进一步改善技术等，要尽快将能源结构转向以非化石能源为主。

对于工业用煤以及化工用煤的退煤，重点则在于产业升级与产业转移。随着中国经济的进一步增长，经济结构转型升级将会持续。未来制造业将会更多由高科技主导，服务业也将成为经济结构的重点，各主要耗能行业的能效将进一步改善，实现一定程度的自然退煤。而剩余用煤产业的退煤，则必须紧跟经济政策调整的框架与步骤，坚持"放大压小"的原则，首先淘汰和退役低效率、小产能的用煤工业企业，随后逐步引导相关企业实现跨国产业转移或根据内需水平将其陆续退出。而根据内需水平压减相关产业的过程中，可以引入对相关企业煤炭利用效率水平以及负排放技术利用水平的评估，逐步限制煤炭利用效率低、缺少负排放技术的企业经营，保证在实现碳中和过程中用煤工业和煤化工的留存产能均为高效率、低排放且碳排放问题得到有效应对的高质量产能。

6.2 煤炭行业优化发展策略

6.2.1 推动煤炭清洁化，支持相关技术发展和推广

在发展节奏和路径方面，应兼顾环境气候约束与社会经济规律，加快推动煤炭低碳高效转化利用技术研发与推广应用，实现煤炭的可持续发展与绿色转型。此外，未来还可以通过减税、补贴、设立产业基金等政策工具推动煤炭低碳高效利用技术的重大示范，加快煤炭清洁化利用。碳捕集、利用与封存（CCUS）技术亟待深入开展，从而实现煤炭利用过程中二氧化碳的近零排放，填补能效和可再生能源技术减排的不足，推进煤炭产业低碳转型与社会可持续发展。

纵观全球，目前世界各国在二氧化碳捕集、封存和利用等方面取得了一定进展，但在商业化方面仍存在较大困难。CCUS 技术的商业化推广需要结合政策支持和财政补贴。例如美国提出二氧化碳捕集与封存获得税收抵免 50 美元/吨，二氧化碳驱油与封存获得税收抵免 35 美元/吨的联邦 45Q 法案以推动 CCUS 技术发展。从 CCUS 的成本收益来看，短期内很难保证经济利润，需要政府辅以政策助力发展。借鉴发达国家对 CCUS 技术的推广，我国政府可以通过减税、补贴等财政手段，在现有技术水平下，推动煤炭低碳高效利用技术的发展，降低未来企业的碳减排成本。

在"2060 碳中和"的目标导向下，煤炭企业应该加快各领域各环节关键

技术的示范验证及产业化培育统筹谋划、打破壁垒，分阶段推进若干产业集群与基地。推进早期示范项目的筛选与评估，全面调研 CCUS 示范工程情况，建立全国范围示范项目数据库。选择优先行业与重点地域开展早期示范，选择资源条件良好、源汇匹配条件适宜的地区（如陕西、内蒙古、新疆等），优先采用高浓度排放源与强化石油开采相结合的方式，积极有序开展 CCUS 全链条工程示范。

6.2.2　延伸煤炭产品的产业链，发展循环经济

以低碳生态和循环经济理念为导向，推动煤炭产业链进一步延伸。面对巨大的资源、环境、生态压力，循环经济为煤炭开发提供了纵向延伸和横向发展两条解决思路。以准能集团为例，建设氧化铝循环经济产业项目，将以煤为主、煤电路三位一体的发展脉络转变为打造"煤炭开采—劣质煤及煤矸石发电—粉煤灰提炼氧化铝—电解铝—铝型材、镓、硅等系列产品"上下游一体化的循环经济产业链。以"复垦土地—生态农牧业"横向拓展产业链为重点，实施矿区生态建设，在对采空区进行复垦绿化基础上，发展现代农牧、光伏等产业，为传统煤炭行业开创一条生态效益、经济效益、社会效益共赢的发展之路。

2005 年起，我国就开始探索适合现实国情的循环经济发展模式，推动资源循环利用机制的建立。虽然部分试点取得了不错的成绩，但整体上仍存在融资渠道相对单一、自主创新能力不强以及非煤产业盈利能力低等问题。在市场经济下，规模效应对于企业来说十分重要，煤炭企业如果去发展非煤项目，在同行业中，在生产规模、产品品质、技术水平、品牌认可度等方面都存在很大差距，因此在同一市场，煤炭企业在竞争中将会处于弱势，造成经济效益不乐观的结果。但是，实践证明：发展循环经济是煤炭行业实现可持续发展的必然要求。面对过程中的困难与阻碍，要边做边改，通过发现问题—解决问题的思路逐步推进煤炭产业的绿色发展进程。

（1）在企业层面上，煤炭循环经济的发展重点在绿色开采和清洁生产　企业需要参考循环经济原理，要将资源循环利用的成本考虑在内，合理设计新生产项目的相关布局，建立相应的科研部门和机构，与科研院所、大学建立合

作关系，推动科研、创新等组织的建立。

（2）**在产业层面上，技术创新是煤炭循环经济发展的关键** 大力发展煤炭循环经济产业链的关键技术和共用技术，要以多种有效形式，积极引进国外先进技术，建立起包括污染治理技术、综合利用技术、废物利用技术、清洁生产技术及煤炭产业与其他相关产业的耦合共生技术等的技术支持体系。

（3）**在区域层面上，政策扶持是煤炭循环经济发展的保障** 例如，修订和完善煤炭产业政策，为发展煤炭循环经济工业园区创造良好的法律环境。充分发挥经济杠杆效应，对参与工业园区的企业进行优惠的财税减免、财政补贴或税前还贷等。建设矿区循环经济工业园区需要政府牵头，合理布局，通过创新的运行模式逐步形成一个综合集成的循环经济结合体。

（4）**在社会层面上，煤炭循环经济的法律法规有待进一步修订完善** 政府应大力推广无烟煤和洁净煤的利用，以达到改变煤炭的生产和消费结构的目的。同时，政府应努力促使全社会增强发展循环经济的意识，立足煤炭企业实际，以财政手段对开展煤炭循环经济发展的企业给予政策优惠补贴，对购置低污染设施的企业给予低息贷款，对节能减排成效好、废物回收利用率高的企业给予税收减免。通过加强政策引导，健全管理机制，全面统筹规划，煤炭循环经济的社会系统将会进一步完善。

6.2.3 明晰资源型城市转型思路，摆脱"资源诅咒"

完善的制度规定和合适的治理约束是保持资源优势合理发展的根本途径。对于拥有丰富煤炭资源的城市来说，其他生产要素在巨大资源财富的面前，如果没有完善的制度和有效的约束体系，将会逐渐沦为资源的附庸。资源型经济现象出现的根本原因就是制度的不完善，使资源成为了经济活动的主要决定性因素，对贸易产生了影响，也对产业生态发展带来阻碍，经济要素的流动方向与配置方式也会产生偏差，进一步阻碍了技术创新，从而导致了"资源诅咒"现象的发生。应当合理利用煤炭资源财富加强物质资本投资、人力资本积累和技术创新。政府也应积极引导，促进相关产业发展、推进市场化进程，以通过产业多样化和提高要素配置效率来弥补煤炭产业的先天劣势，达到产业资源依赖和经济发展效率的平衡，有效摆脱"资源诅咒"。

推动煤炭深加工的发展，提升产业价值。丰裕的煤炭资源给资源型城市带来了财富的同时，也往往让产业难以向多元化发展。这些资源型城市的煤炭产业链往往集中于上游的煤炭开采，并未形成完整的煤炭和煤化工产业链。在经济转型背景及碳减排目标约束下，资源型城市需要转变经济发展模式，从煤炭产业链上游的煤炭开采扩展到中下游的深加工。资源型城市可以发挥自身煤炭资源丰富的优势，结合自身产业特点，积极引入资本、技术，建立成熟的产业链，逐步让产业发展从对资源的依赖中摆脱开来，让资源在成本中的比重降低，让产品的附加值提高。未来，煤炭深加工产业将继续以"集中示范、逐步推广"的方式发展，以煤制天然气、煤制油、煤制烯烃、煤制乙二醇、煤制芳烃为代表的现代煤化工产业是主要发展方向，优化调整产业布局。

资源型城市转型既要重视资金的"引进来"，也要合理"花出去"。煤炭产业转型势必带来大量成本，而资金也一直是制约转型进程的一大因素。在处理历史遗留问题的同时还要寻找新的发展方向。因此，在引资阶段应当做好规划，通过具有地方特色和发展前景的项目规划来吸引更多投资，减轻相关企业和政府的资金压力。如唐山对占地30多平方千米的开滦煤矿遗留的矿产采空区进行改造，建立了大型城市生态公园，对矿井进行再利用，建设了相关的煤炭主题公园，对启新水泥厂的筒仓和厂房进行设计规划，改造成符合现代年轻人品味的主题酒吧，再利用冀东水泥厂的采矿场，建立大型城市生态园林，投入百亿元的资产，重新利用了资源，还形成了上千亿元的产值效益。在资金的利用上，也要具有针对性，从而快速找到转型过程中的痛点和突破点。

资源型城市的转型既影响该城市的发展前景，也影响中国整体的发展态势，影响中国社会的发展质量。数据显示，中国的资源型城市共有262个，其中地级市数量为126个。资源型城市的转型十分困难，这主要是由于资源型城市的资源、环境、技术、人才等方面条件多处于劣势。因此，未来资源型城市转型时，应当注重总结已有经验教训，找到转型痛点和突破点，精确定位转型道路。

成功的资源型城市转型的案例并不多，很多城市在转型道路上都面临着各类困境和阻碍。例如，河南义马市"煤头化尾"的尝试已经进行多年，但至今仍未完全摆脱资源依赖型经济模式的桎梏；山西临汾市近几年大规模淘汰落后煤炭产能，但空气质量依然未能彻底改善。河南义马市曾经被称为"百里煤城"，优质的煤炭资源给当地带来了丰厚的资源红利。随着资源的过度开发以及矿难事故的频发，当地政府制定了由原煤开采向煤化工转型的战略，期望通过拉长产业链逐渐实现转型。但限于体量小、缺少市场话语权以及以甲醇、尿素等大宗基础化工产品为主的较低层次的产业结构，企业亏损严重，转型进展并不理想。

转型方向需仔细斟酌，如何让失去活力的煤炭资源获得新生是关键。在义马市的转型过程中，由原煤开采向煤化工转型的思路并非不可行，但煤化工产业依然是以原煤作为出发点，且需要大规模产业链支持其长期稳定发展。而义马市虽然资源禀赋优异，但其资源总量并不高。在选择转型方向时，较小的体量以及因缺乏相关技术带来的低层次产业结构制约了转型的进一步推进。在类似的资源型城市中，徐州市贾汪区将1.74万亩煤矿塌陷地改建为潘安湖湿地公园，在治理煤矿遗留问题的同时开辟了旅游资源，获得了多方肯定，被国家发改委称为"贾汪经验"。曾以采矿闻名的浙江省安吉县余村也从2003年开始陆续关停厂矿，一部分废弃矿山被开发为旅游区和种植基地。资源枯竭城市，转型发展需要结合区位特征，因地制宜。安徽省淮北市作为国家第二批资源枯竭型城市，以"依托煤、延伸煤、逾越煤"为转型方针，以"三山、六湖、九河"为资源支撑，以"中国碳谷·绿金淮北"为战略标的，以矿区治理为切入点，探索形成"深改湖，浅造田，不深不浅种藕莲""稳建厂，沉修路，半稳半沉栽上树"的综合治理模式，让沉陷"煤城"变成生态"美城"。

6.2.4　保障就业人口转移，实现产业升级和改造

煤炭产业转型过程中伴随着劳动力的转移，需要政府积极引导，减少被动转型对经济社会的冲击。借鉴英国等国家的成功经验，在煤炭产业转型前期，需要妥善安置失业人口，并提供一定的社会福利保障，减少相关群体集中失业造成的社会影响。在产业转型和劳动力人口转移的中后期不能再简单

以人口转移推动老矿区的人口外迁，而是应该更加重视经济的平等性，致力于采取措施以实现当地产业结构的优化升级。

（1）为转型相关失业人员建立就业安置体系　政府采取措施引导煤炭工人再就业是煤炭资源型城市转型成功的重大经验。如，黑龙江为龙煤集团的 6 万余名员工制定就业转岗分步计划，通过内部转岗、内部退养、补偿下岗、帮扶再就业实现职工分流安置。一方面，设立遣散基金，为失业人员提供过渡援助；另一方面，设置专门部门，为有再就业需求的单一技能矿工提供新技能培训。此外，坚持特事特办，为低收入家庭设立专项补贴，减少资源型城市转型所带来的社会成本。

（2）对企业实行差异化就业安置和转型策略　由于不同企业的创立时间和资源禀赋等有所不同，其在煤炭转型进程中所受到的冲击也有所区别。即有必要对企业的地区、规模和发展程度等方面进行评估并进行分类，制定差异化的就业安置和转型策略。当前市场中以国有企业占据煤炭企业龙头的多数，且此部分企业大多具有较高的生产效率，足以支撑其在行业转型过程中完成转型目标，不需要政府采取过多的干预措施。此外，市场中还有一部分生产效率不高的中小型企业，此部分企业需要通过市场机制来实现优胜劣汰。然而，市场中也存在生产效率不高的国有企业，此部分作为煤炭企业中特殊的存在，需要政府制定针对性政策使其实现平稳化转型。需要注意的是，煤炭企业转型政策需要坚持具体情况具体分析的原则，不可出现"一刀切"政策。

（3）优化地区产业结构，推动从业人员转型　产业转型是一个长期的动态过程，必须在把握市场需求变化规律的前提下，通过产业创新和技术变革而逐步实现。需要形成有差异性的产业政策体系，针对不同产业，研究不同的政策扶植办法。煤炭产业链的延伸不仅提升了煤炭产业的价值，更为劳动力人口转移提供了方向。劣质煤及煤矸石发电、电解铝等下游产业可以吸纳富余的上游煤炭开采的从业人员；复垦土地—生态农牧业能够为失业者提供农垦、森工等岗位。此外，风、光等新能源产业的快速发展则可以给失业人员提供绿色转岗机会。国际可再生能源署（IRENA）的研究表明，2020 年，中国新能源市场的就业人员将超过 1000 万人。此外，煤炭的低碳高效利用是煤炭行业未来的发展方向，诸如 CCUS 等新技术的推广将带来新的就业岗位。虽然目前这些技术仅在实验推广阶段，并未大规模商业化，但是随着技术的突破，以及"30·60"目标的不断落实，相关技术产生的新兴行业将与传统煤炭行业紧密结合，推动就业人口转型。与此同时，煤炭资源城市转型过程中的生态复原工作可以带动当地旅游业的发展，促进失业人员涌向第三产业。

（4）以产学研一体化实现矿区绿色转型　在国家不断重视绿色发展的进程中，生产技术落后的矿区人才外流、经营困难、劳动力岗位错配问题严峻，未来难以在市场竞争中存活。德国鲁尔区的转型经验表明，高等教育资源的充分发挥是实现高新技术产业替代落后煤炭产业的重要举措。因此，我国相关地区也可以通过政策倾斜、财政补贴等手段促进当地产学研一体化基地的建设，培养矿区新型技术和经营管理人才。

6.3　煤电行业优化发展策略

6.3.1　推动煤电低碳利用技术研发及示范

"双碳"目标使制约中国煤电产业发展的约束条件由减少常规污染物排放变为降低二氧化碳排放，即未来煤电产业的发展应首先考虑碳排放问题。从政府角度而言，应综合利用减税、补贴、设立产业基金等政策工具推动煤电低碳高效利用的重大项目示范，加快煤电清洁低碳化利用，构建符合我国国情的绿色电力体系。

中长期煤电低碳发展必须结合碳捕集、利用与封存（CCUS）技术。因传统的高能耗、高排放的生产方式仍有较大的惯性，我国以煤炭为主的能源结构短期内难以改变，CCUS技术有望成为我国从以化石能源为主的能源结构向低碳供能体系转变的重要技术。为实现国家碳中和目标，CCUS技术能够有效地协调碳中和目标的实现和煤炭资源的充分利用。应加大已建成煤电机组的碳捕集改造和新建煤电机组的CCUS综合发展方案，实现CCUS大规模商业化应用，保障煤电低碳化转型，促进CCUS与可再生能源协同发展，致力于"双碳"目标的早日达成。然而，现阶段CCUS技术尚未成熟，其商业化推广仍面临着成本高的难题，应与排放交易计划（ETS）相结合，通过 ETS 对 CCUS 给予成本补偿。ETS 作为一种市场手段，可以在促进企业实行减排的同时保障煤企决策的灵活性，为企业提供技术成本补偿，是现阶段我国低碳发展的绝佳手段之一。

6.3.2 加快建立发电容量成本回收机制

未来，我国将有相当大比例的可再生能源加速并网，对电力系统灵活性的要求将迅速提高。在电力系统绿色低碳转型和自由竞争背景下，煤电机组的发电成本优势将逐步丧失，需要以辅助服务作为未来的主要盈利手段。将煤电逐步由主体电源转变为调峰等辅助服务电源，是提高煤电利用效率、改善煤电生存环境、提高新能源消纳水平的重要举措。从而可再生能源将逐步替代煤电在电力供给中的主导地位，以实现电力行业碳排放达峰，甚至碳中和的目标。

"十四五"期间，我国风、光装机和发电量将不断攀升，煤电由发电主体电源变为保障电力系统安全稳定和新能源消纳的"压舱石"，即后者的平均利用小时数将长期维持在低位。在此情景下，若煤电仍执行单一制电量电价体系，其投资回报率则难以维持其生存。此外，我国电力市场化改革进程不断推进，电源侧电价市场化程度的提高将使电价下调，从而使煤电企业经营状况日益严峻。但未来以新能源为主体的新型电力系统需要煤电的调峰，因此，需要加大对煤电企业灵活性改造的激励力度，建立发电容量成本回收机制。

发电容量成本回收机制是煤电企业在煤电作用转变情况下保障其发电积极性的必要举措。《关于深化燃煤发电上网电价形成机制改革的指导意见》（发改价格规〔2019〕1658号）是煤电价格机制改革的指导性文件，该文件明确提出"对于燃煤机组利用小时数严重偏低的省份，可建立容量补偿机制"，即可以在云南、四川、广西等煤电机组利用小时数长期处于低位，同时可再生能源比例较大的地区开展试点工作。容量电价和电量电价可以通过市场化方式形成，这需要建立容量市场，即在单一电能市场之外设置的新市场，用以保证电力系统达到明确的可靠性标准。容量补偿机制指的是由监管机构根据负荷预测、用户停电损失评估、系统可靠性标准和发电机组可用性等因素，制定容量价格和可补偿容量，为发电机组回收固定成本，进行合理补偿。容量补偿机制进行成本回收更适合我国当前阶段发展需要，容量补偿机制能够以较低的实施成本及风险可控的终端电价影响保障容量电价长期稳定，这与我国处于电力市场建设初级阶段的国情相适应。与 ETS 不同，容量补偿机制是实现我国电价机制由计划向市场转移的行政手段，不仅可以发挥电力企业的发电积极性，还可以提高新能源发电的消纳水平。

6.3.3　实现煤电转型与储能和电网灵活调配的协调发展

当可再生能源大规模并网时，需要电源侧、电网侧和用户侧共同应对以保障电力系统的平稳运行。电源侧响应指电网友好型新能源发电技术的开发、多源互补以及灵活发电技术。要想在可再生能源大规模并网的同时保障电网平稳运行，首先要使电力系统灵活性程度提高。电源调度灵活性要求各类电源能够在短时间内升降出力，平抑风力、光伏发电出力波动，满足电力实时平衡。一般而言，电源灵活性较高的有煤电、气电和抽水蓄能，但后两者装机规模较小，只有煤电是最适合我国提升电网灵活性的方式。

推动煤电机组灵活性改造，提高系统调节能力，既是基于我国国情的现实选择，也是煤电领域顺应时势发展的有效举措，因此应盘活煤电产能存量。盘活煤电产能存量可以通过节能改造、超低排放改造和灵活性改造等方法。当煤电机组进行灵活性改造后，一方面可以进行深度调峰，缓解热电矛盾；另一方面则可以提升电网对可再生能源的消纳能力，实现电力系统的绿色低碳化转型。存量煤电机组的灵活性改造的综合成本为 50～200 元/千瓦，远低于新建调峰电源成本，可减少系统对储能的需求。根据测算结果，预计 2035 年煤电灵活性相比目前水平可提高 20 个百分点，有力支撑高质量能源转型发展。此外，储能发展有利于提升煤电利用效率，延缓煤电向容量主体转变。储能的规模化应用可承担部分煤电的备用和灵活调节功能，在煤电发电量不变情况下可以降低煤电装机容量需求、提高煤电利用效率和小时数，实现煤电与电网建设、煤电与储能以及可再生能源的优化布局和有序协调发展。

6.3.4 构建多层次电价市场推进煤电机组的角色改变

提升电力系统灵活性的前提条件是理顺价格机制。目前，技术性问题不再是制约煤电灵活性改造的因素，高效锅炉的最低稳燃负荷已经可以达到额定功率的20%。灵活性改造的关键制约因素在于深度调峰辅助服务补偿标准偏低、政策执行力度和连续性不足、政策制定与实施未充分考虑地区实际情况等，在上述背景下，煤电企业的灵活性改造项目收益难以达到预期。

要想提高煤电企业灵活性改造积极性，我国应进一步深化电力体制改革。煤电企业的灵活性改造即使煤电由发电的主体电源向调峰电源转变，是促进可再生能源发展的重要保障。具体来看，要在充分考虑区域差异、机组改造投入与运营成本等综合因素的前提下，建立起公平高效的辅助服务市场和容量市场，发挥市场在资源优化配置中的决定作用，为煤电企业提供合理收益。

未来煤电定位是充分发挥其灵活性特征，在新能源大规模并网的背景下提高电力系统的调峰调频能力，有利于发电效率和环保能力的提高。然而，煤电定位的转换必将伴随着煤电机组利用小时数的降低，原先的"单一制电价、上网电量计价"的电价政策无法满足煤电企业的基本投资收益。政府应对此制定法律法规，引导煤电企业以煤电机组调峰等辅助服务作为主要收益模式。

理顺电力市场化改革过程中的电价机制，就是要建立健全电力辅助服务市场和现货市场。首先要在电力市场交易中体现煤电机组的电量价值；其次要在辅助服务市场和现货市场中体现辅助服务价值和容量价值。即有必要建立起同时反映电量价值、容量价值和辅助服务价值的综合电价市场。具体来看，电量市场反映的是发电主体在电力系统中所发电量的价值，此市场是新能源电力获取收益的重要领域。容量市场和辅助服务市场反映的是发电主体在电力系统中维持系统稳定的价值，是传统煤电获取收益的两大市场。在评估煤电市场价值时，有必要综合考量其调峰性能和系统价值，从而形成煤电合理和可持续的盈利模式，确保逐步构建起清洁低碳、安全高效的现代能源与电力系统。

6.4 煤化工行业优化发展策略

6.4.1 明确现代煤化工产业战略意义，统筹产业发展布局

政府应明确煤化工产业对我国的战略意义与产业定位。首先，现代煤化工是构建国内经济大循环发展格局的重要环节。2019年我国石油和天然气对外依存度分别达到70.8%和43%。逆全球化国际环境下，油气进口对整体宏观经济发展的制约性影响凸显。在"内循环为主、双循环相互促进"的战略导向下，发展现代煤化工产业有助于化解国内煤炭过剩产能并转化为油气替代进口，减少能源对外依存度。作为构建国内大循环的重要抓手，产业发展还将孕育系列高收入岗位并带动就业，提升我国在国际原油市场的议价能力，减少亚洲溢价。其次，现代煤化工是提高能源供给及国家安全水平的必要手段。煤制油、煤制气等行业肩负保障国家能源安全重任，能有效减少重大能源安全风险性事件对经济的冲击。煤制油品的超清洁性和在极端天气条件下的适应性，契合军用及航空航天特种油品需求，有助于我国能源应急保障系统建设，提升国家整体安全水平。最后，现代煤化工是实现煤炭清洁高效利用的有效途径。现代煤化工产业是促进煤炭产业低碳转型升级的战略性新兴产业。煤制烯烃、煤经甲醇制油、煤间接液化等现代煤化工工艺流程实现了煤炭产业链的清洁高效化延伸。未来煤化工产业将在环境可承载的前提下，有效控制污染物排放，实现低碳发展目标。

政府应告别"就煤论煤"的传统思路，在能源革命的总体框架下进行产业布局，有序推进产业升级示范。具体而言，明确煤制油是对煤炭清洁低碳的原料应用，与作燃料的煤区别对待。纠正简单"去煤化"的影响和做法，对制油原料煤单独统计，从限煤总量中予以删除，保障化工转化原料煤量，保障工厂运行负荷。煤制油是一种超清洁性工艺，其产品可用于军队国防，因此，有必要将煤制油产能建设纳入国家能源应急能力建设总体方案，与石

油增储上产、石油储备、能源应急管制方案等统筹考虑。此外，应在充分考虑资源环境约束的前提下大力发展煤制油产业。就煤制气产业而言，应充分考虑市场需求，走储备与市场化相结合的路线，实现煤制气产品的季节性调峰功能。

考虑煤基油品的属性，对于适宜煤油化一体化的煤制油项目，配套建设下游深加工装置，生产高附加值化学品，提高项目整体盈利能力。延长产业链可以实现产业集群的扩大，从而使资源转化率和产品竞争力上升，提升企业的抗风险能力。煤直接液化制油这一生产工艺具有环烷基含量高、凝点低、密度高、黏度指数低等特点；煤间接制油则具有可生产无硫、低烯烃、低芳烃超清洁油品的特点。产品性能显著优于传统石油化工产品，且适用于军队国防建设，足以应对我国日益升高的燃料和油品需求，保障国家安全。现代煤化工产业应不断推进技术创新，提高产品深加工技术水平，致力于产品的精细化和高端化。建设"煤炭—化工—新材料"产业链条，在煤基新型燃料和煤基新材料的发展中遵循其特殊性，由大宗油品向高端材料和合成材料转型，解决终端产品同质化、差异化的问题，形成特色明显、优势突出的产品体系。

6.4.2 加快 CCUS 技术示范应用，推进产业碳减排进程

煤炭转化利用方式由燃料向燃料与原料并举发展的趋势下，高浓度 CO_2 占比增大，有利于降低 CO_2 捕集成本。以煤气化为龙头的现代煤化工行业，尾气中 CO_2 的浓度较高，对于实施碳捕集而言具有明显的成本优势，可以成为我国发展 CCUS 技术的早期优先领域，低成本的碳源对于推动 CO_2 利用技术的产业化以及促进 CCUS 技术的发展成熟都具有积极作用。

现代煤化工企业应加大对碳捕集、利用与封存（CCUS）等技术的研发和示范应用，规避未来全国碳交易市场对产业带来的重大风险。在煤炭转化过程中集成 CCUS 技术，将产生的 CO_2 进行地下储存或者直接使用，可以实现 CO_2 的减排。国家能源集团基于其在内蒙古鄂尔多斯地区的"煤制油生产线"，将 CO_2 封存于鄂尔多斯盆地的咸水层。现代煤化工项目的高碳排放浓度特性为其 CO_2 的大规模利用创造了优势。

现代煤化工企业应高度重视气候变化风险，实现资源与碳排放双重约束下的科学布局和集约发展。企业可以联合推进或申请国家政策支持，提前布局 CCUS 前沿技术，拓展二氧化碳资源化利用途径。通过"CCUS+煤化工"重点示范项目建设，实施源头 CO_2 减排控制，提高能效节能减排，探索煤炭清洁高效转化的新路径，减轻煤化工行业发展所面临的 CO_2 减排压力。

6.4.3 加大废水循环处理技术研发，实施环保税费优惠

大力发展节水工艺技术，加大相关国产技术研发投入，实现废水循环利用。低电价条件下可以通过闭式循环水实现水耗、成本的双降低，针对大型项目通过大范围使用节水消雾、空冷和闭式水冷，降低产品水耗。利用矿井疏干水这一煤炭开采的伴生资源，统一利用、处理和管理排放，循环处理后可以作为生产水使用。此外，政府应该充分考虑水资源与煤炭资源逆向分布而带来的局部水资源强约束问题，在水资源许可的地区开展示范项目建设，根据可供水资源量的潜力分析和评估，合理科学规划现代煤化工产业的发展规模和布局煤化工项目。

现代煤化工是煤炭清洁高效利用的重要方式，因而可以实施环保税费优惠，吸引相关环保投资。对煤化工企业实施更为严格的环保排放标准，同时对符合标准的煤化工企业给予一定的环保补偿，倒逼企业发展先进的废水处理和污染物减排技术。给予煤制油、煤制气项目环保指标和自发电等优惠政策。优先配置保障项目稳定生产的水资源和环保指标配额，同时对列于国家油品储备名单的煤制油项目给予配备自发电的政策，以提升经济效益。

6.4.4 调整煤化工行业的油品消费税，设置财政激励

针对高额的油气输送管网费用，政府需要理顺产业协调机制和油品销售机制。煤基油品与石油基油品面临着不同行业主管部门和产品标准，同时受到现有成熟销售体系的限制。政府需要合理监管国企对油气管网输送和销售的垄断定价权，解决非市场化困境。可以尝试在特定区域内提出销售煤制油的强制比例或数量要求，或者成立煤制油产品销售公司，同时配给零售终端

和对外销售权。鼓励成立炼油与煤制油产业联合体，理顺产业协同体制机制。

建立健全支持政策，通过税费的调整来促进产业升级，给予煤制油项目税收优惠。目前煤化工企业大多处于亏损状态，所以主要由国有企业出资，基于保障国家能源安全及社会责任感的责任和义务在运行。因而政府应当给予中小企业更大的支持和补贴力度，促使企业扩大生产规模，实现行业的规模应用、高效利用、耦合替代以及多能互补。

对煤制油品行业制定专门的消费税，实行差别化的税收政策。对列入国家发展规划、国家成品油储备、军用油品储备计划的煤制油项目，减免相关产品的消费税。对刚满负荷运行的煤制油项目，考虑到煤液化项目三年左右的负荷调整期，延期三年免征消费税。等到煤制油项目商业化运营后，根据行业整体盈利水平制定阶梯税收政策，建立与国际油价动态调整的机制。当国际原油价格不高于 50 美元 / 桶时，可以免交全额的消费税；而当国际原油价格处于 50～60 美元 / 桶时，消费税减免 70%；价格位于 60～70 美元 / 桶时，消费税减免 35%；当价格超过 70 美元 / 桶时，消费税正常缴纳。针对煤制气项目，应该以差异化价格为主，同时把煤制气和煤层气、页岩气等非常规气源同等对待，并享受相同的财政补贴力度，以此缓和价格和成本脱钩的矛盾。同时，煤制气价格应该设为灵活可变，在淡季和旺季设置不同的价格，以帮助企业进一步提高经济效益空间。

6.5 工业用煤行业优化发展策略

6.5.1 积极推进钢铁行业超低排放改造

钢铁行业在不断完善已有节能环保技术与装备的同时，还应该积极主动摸索炼钢新技术，尝试从根本上解决钢铁行业的碳排放问题。钢铁行业需要以固体废弃物利用、烟气处理以及减少排放为主要目标进行对口的技术研发，增加节能降耗的手段和途径。从长远来看，钢铁行业低碳发展与企业健康发展的目标是兼容的，其社会意义更是巨大；然而在短期，一些新技术的采用会带来企业生产成本的提高，甚至有可能使一些小型企业无力承受，而阻碍了新技术的推广和普及。政府如果能对这些技术的采用给予适当补贴，将有助于以暂时的成本换取整个行业的长期健康发展，并获取更多的环境效益。超低排放改造是推动钢铁行业低碳发展和产业转型升级的重要举措。国家发改委等五部门在 2019 年 4 月对外发布了有关钢铁企业超低排放改造的指导意见。意见中对能够实现超低排放改造的钢铁企业给予经济、税务和环保等层面多维度的政策援助，同时意见也明确以企业为主体的担责体系，对于执法和评价管理进行进一步的优化。2020 年底，全国一共有 229 家企业，6.2 亿吨粗钢产能已经或正在实施超低排放改造。超低排放改造的措施如果能够落到实地，将鼓励企业对新技术进行不断的探索，有助于实现 2060 年碳中和的目标。

6.5.2 广泛采取市场化手段推动低碳发展

2060 年碳中和目标提出后，碳市场再次出现在公众的视野。截至 2020 年 8 月，启动三年的中国碳排放交易市场已经拥有超过 3000 家重点排放单位的体量，累计配额的交易量达到大约 4.06 亿吨二氧化碳当量的规模，总体的成交额大致为 92.8 亿元。作为首批入选碳市场的 8 大主要行业，钢铁行业也是目前中国碳排放较为严重的行业之一。碳价格是帮助钢铁行业在进一步低碳发展中重要的辅助工具。只有当碳价明确的基础上，钢铁行业才能在企业与企业之间以及其产业链上下游之间形成更优的碳资源配置。同时，碳市场的建立和碳价的稳定还能够在降低减排成本的同时，推动低碳技术投资的增加。在碳中和目标提出之后，碳市场的必然性和迫切性也更加明显。钢铁行业应当提早谋划，明确碳减排目标任务，科学制定碳排放管控方案，加强培训和能力建设，积极参与碳排放交易市场，为钢铁行业低碳发展提供机制保障。

6.5.3 严格控制行业煤炭消费规模

在实现碳中和目标的背景下，需要控制总体的能源消费规模，特别是煤炭消费量。建材行业作为用煤大户，能否有效控制煤炭消费规模至关重要。

叠加大气污染防治的背景，更需要建材行业控制煤炭消费规模，特别是高耗能、高污染的水泥行业。建材行业可以通过以下三条路径实现控制煤炭消费规模，减少无效生产。一是化解产能过剩，减少无效能源投入。同时，严格控制新增产能，特别是部分水泥行业，当前产能利用率还不足50%。二是煤炭清洁化利用。控制煤炭消费不等于完全限制建材行业的煤炭消费，清洁煤（优质无烟煤、型煤等）对于建材行业煤炭清洁化进程尤为重要。清洁煤的使用成本高于传统煤炭，政府部门可以适当给予补贴，推动清洁煤在建材行业的应用。同时，市场部门加大巡查力度，给予违反行业用煤规范的企业处罚。三是鼓励企业开展技术研发及升级，全面推进建材行业清洁生产。在使用清洁煤生产的基础上，推进节能技术和节能设备的应用，促进行业向绿色功能产业转变，通过技术升级减少对煤炭资源的依赖。例如，支持企业开展纯低温余热发电项目，综合利用水泥生产线排放的中、低温废热资源发电，实现行业节煤与减排。

6.5.4 大力推进建材行业能源要素替代

一方面，推动建材行业能源要素与资本、劳动力等生产要素之间相互替代。考虑到建材行业能源消费，特别是煤炭消费带来的环境污染问题，推动其他生产要素替代部分能源要素，是实现行业绿色发展的重要途径之一。当技术研发累积到一定程度时，突破现有的技术瓶颈，可以有效实现降低煤炭消费量，即通过增加资本要素投入以降低能源消费投入。但是，这需要在不影响自身正常生产运行的基础上，通过要素替代的手段降低行业的煤炭消费。具体而言，水泥加工工艺的改善可以降低每吨水泥熟料生产的煤炭消费。另一方面，推动煤炭与其他化石能源或可再生能源之间的替代。在建材生产过程中，部分环节的煤炭消费可以通过其他生产要素的投入进行替代。在必须使用化石能源的生产环节，可以考虑使用天然气替代煤炭。相比于煤炭，天然气使用过程中的污染问题相对较少，而且天然气开发及应用技术相对完善。因此，在建材行业逐步推行煤改气项目是十分必要的。此外，可再生能源具有清洁性、开发潜力巨大等优点。特别是部分水泥厂配有较大面积的矿区，具有开发太阳能资源的广阔潜力，这也是未来替代部分煤炭消费的重要途径之一。目前，针对部分可再生能源不稳定和使用成本相对较高等特点，需要给予建材行业政策扶持，推动行业实现可再生能源对煤炭的替代。

6.6 散煤治理对策建议

6.6.1 增强散煤治理可持续性

尽快开展维保政策研究，提早布局清洁取暖建设期的服务保障工作。一是建立市场维修服务体系，统一实施管理服务。建立乡村两级服务站点网络，形成清洁取暖全覆盖的服务体系。在服务模式方面应采取服务商模式，统一服务标准，保障农村取暖的绿色健康。二是建立热线服务体系，市、县、区建立清洁取暖服务热线，提供投诉处理、上门维修和政策咨询等服务。三是建立质量监测服务体系，在市级层面统一监管服务。实时检测设备运行情况以及清洁取暖项目的减排效果，在提高运转效率的同时避免问题产生。特别是要以市级有关部门牵头将清洁取暖售后服务纳入监管范围。四是建立中央、省、市、县、区统一的信息监管平台，督促地方政府尽快建立全市统一的运营维护平台，政府监管企业让百姓放心，企业统一运维降低维保成本，数据智能分析支撑科学决策。同时，加强清洁取暖设备产品质量把关，开展第三方技术质量监督，规范市场运行。科学做好工程施工计划，做好施工现场安全监管。加强安全隐患排查，加大用气用电宣传，建立应急预案机制。

6.6.2 扩大清洁取暖覆盖范围，推广分散式取暖技术

明确供热总量、供热区域、重大项目规划、主要技术路线以及保障措施是未来可再生能源供热的主要挑战。可再生能源供热需以多元化高效利用方式来弥补我国现阶段可再生能源制冷和供热领域的空白。在中央财政政策支持下，清洁取暖自实施以来取得了阶段性的明显成效。清洁取暖设施建设与用户设备安装已经逐步落地，在已取得成效的基础上，保障清洁取暖设施的

运行并鼓励用户合理有效使用是实现更高清洁取暖率目标的关键。进一步转变北方地区用户的取暖方式，尤其是农村地区用户，帮助其培养清洁取暖习惯和形成清洁取暖意识，需要清洁取暖激励政策的支持。目前，农村地区清洁取暖的实施主要通过各级政府的行政命令得以落实，其执行程度严重依赖政府补贴，然而清洁取暖的政府补贴政策有效期仅为三年，随着政府补贴到期，许多试点城市面临退补。然而退补政策的实施很有可能引起民用散煤复烧，导致环境质量改善效果反弹。此外，"十四五"期间，清洁取暖的技术经济性仍然是关注重点，补贴政策应对重点技术给予倾斜，发挥政策引导作用，促进居民可承受、可持续性相对较好的技术得到推广应用。

6.6.3 加大节能建筑推广力度，促进建筑节能改造

"十三五"期间，国家层面除了清洁取暖试点补助资金外，缺少其他专项资金给予建筑能效提升项目补助。受资金规模限制，建筑能效提升部分资金投入力度有限，影响了清洁能源的使用，造成运行成本的高昂。为了促进建筑节能改造的实施，特别是农村地区，中央层面应单独建立建筑节能改造补助计划，支持小规模民用建筑进行节能化改造，并且同时规定可行的节能改造标准。在清洁取暖和节能改造之间建立连接，只有实施节能改造的建筑才有资格获得清洁取暖补助资金。同时，加大建筑节能推广力度。根据农宅房型特点、结构形式、围护结构热特性、取暖习惯等，量体裁衣选定建筑节能改造方案。优化改造工程环节，简化中间不必要流程，进一步降低节能改造的中间费用。加快推进低成本节能改造技术的商品化、产业化，提高建筑节能改造效费比。加大新型技术研发，试点建设低能耗、超低能耗农宅。结合美丽乡村、滩区迁建、农民上楼等多项工作，协同推进农村建筑节能工作。

6.6.4 优化财政政策及补贴退坡方案，发挥绿色金融撬动作用

在目前已经实行"煤改电""煤改气"的43个试点城乡中，明确了补贴标准及补贴的具体要求、对象和未来补贴退坡的速度等一系列政策目标。其

中，中央运行补贴政策要兼顾两方面：一是降低农村居民清洁取暖支出成本负担，降低散煤复烧风险；二是降低地方政府持续补贴的压力。补贴对象应主要为"煤改气""煤改电"用户，对于"小太阳"等技术不达标的"煤改电"用户不予以补贴。同时，中央以及地方政府的补贴比例应明确，且中央补贴逐步退坡的具体路径应清晰。受新冠疫情的影响，建议总体按照7年完成全部退坡；补贴采取先下拨、后清单的方式，每年在财政预算下达时，按照既定标准先全部下达给各省，再由省级部门逐步拨付给农户，取暖季后清算，多退少补。同时，建立运行效果评估机制。中央制定运行补贴效果评估技术指南，要求中央给予运行补贴的重点区域必须每两年开展一次补贴运行效果评估，以确保补贴资金结构分布合理、享受补贴后居民具有较好的可承受能力。评估结果合理的仍继续享受中央运行补贴政策；评估结果不合理的，则必须对地方补贴政策予以调整，才能继续享受中央运行补贴。

当前，财政和金融支持清洁取暖发展是独立进行的，未来在非重点区域的支持上，政府财政部门与金融机构需要建立良好的沟通机制，促使金融支持与政府补贴联动互补，提高资金利用效率。丰富绿色金融产品和服务，如探索农村清洁取暖设备政策性贷款方式。解决清洁供暖项目融资难、融资贵等问题。当前，农村清洁取暖设备的运行比较分散，仍未实现统一管理，因此不能通过政策性银行的审批。建议创新资产管理方式，将分散的设备集中运作与管理，以取得政策性银行信贷支持，提供低成本贷款，减轻政府财政补贴压力；同时降低运维费用。中央财政可通过专业担保、财政贴息等措施加大对清洁供暖项目的支持力度，降低供暖企业融资成本。大力发展清洁能源产业投资基金，借助财政资金吸引社会资本在国家绿色发展基金下设清洁能源子基金，用于清洁取暖项目的低息贷款、融资担保、股权投资等。

6.7 煤基能源产业转型展望

2030年碳达峰、2060年碳中和目标下，煤基能源产业链面临着生存空间狭小、功能定位转变和技术性挑战及环境负外部性显著等挑战。然而，我国不可能完全抛弃自己的煤炭资源优势,而是需要为庞大的煤基能源产业寻找顺应潮流的出路。我国煤基能源产业的低碳高效转型,不仅直接决定国家经济低碳转型及能源革命,也间接影响着国家发展的外部政治外交环境以及国际竞争力。碳约束对我国的经济发展可谓是挑战与机遇并存。在支撑经济发展、应对气候变化与保障能源安全的多重目标下,"煤基能源产业与CCUS技术融合发展"是基于特定国情禀赋实现我国大规模煤基能源产业低碳转型的可行路径。未来,中国需立足能源结构以煤为主的基本国情,大力推动煤炭清洁利用,发挥市场机制和政府调控作用,稳妥有序推进碳达峰、碳中和。

首先,加强煤基能源产业政策的顶层设计,将煤基能源产业作为保障我国能源安全的"稳定器"和"压舱石"。循序渐进地推进煤基能源产业低碳化转型升级。一是要加深对煤基能源产业转型问题的理解,以系统性视角明确煤基能源在碳中和进程中的战略定位。要清晰地认识到煤炭仍是目前我国国家能源安全的重要支撑,发挥着"压舱石"的重要作用,而放弃煤炭发展是不实际的,采用煤基能源产业低碳发展才是保证碳中和目标得以实现的关键。政策设计要始终坚定系统的原则,强化革新,兑现"清洁转型、保障用能、行业发展"目标。二是充分认识碳约束下未来煤基能源产业转型的困难和挑战,牢牢把握相关产业的发展机遇。科学统筹煤基能源产业的进一步发展,对新项目的准入门槛进行严格规划与审核,综合考虑各地区的煤炭资源种类、质量、运输条件以及市场份额等因素,为煤基产业在全产业链上高质量发展创造条件。加强CCUS技术示范项目的研发,多元化二氧化碳利用场景;使CCUS技术和可再生能源互惠,建立综合的低碳煤基产业基地;在突破减排技术瓶颈的同时实现煤基产业低碳发展,以科技创新推动行业高质量发展。三是强化政策的顶层设计,把煤基能源置于整体能源系统下考虑。通过推动不同能源间的融合实现能源产业各板块间"破壁",整合不同能源系统优势,高效发展煤基能源低碳化。与此同时,联合国内各能源领域力量,构造多能融合的技术开发以及政策支持体系,把技术进步作为推动煤基能源产业低碳发展的动力,且进一步整合工业结构、实现转型升级。

其次,充分认识到能源结构清洁化转型过程中仍然面临着巨大的不确定性,而CCUS技术发展所带来的机遇为煤基能源产业优化转型提供了潜在的解决方案。一是CCUS技术为煤基能源产业避免"碳锁定"制约提供了重要的技术保障，能够支撑相关产业继续有效利用能源基础设施，并且在一定程度上规避设施因化石能源产生的贬值。二是CCUS技术可以保障煤炭资源更加低碳、高效地开发利用。CCUS技术的应用，有利于中国煤基能源体系实现西部化、集中化、规模化的发展，进而实现合理、低碳、高效开发利用。三是CCUS技术与煤电、煤化工等传统煤基能源产业存在耦合效应。当前，中国的CCUS主要集中于煤化工行业和煤电行业。从碳捕集的规模、成本、难度等多维度来考虑，CCUS技术都是煤基能源最好的出路。适合碳捕集的大规模集中煤基排放源为数众多、分布广泛、类型多样，完备的煤基能源产业链也为二氧化碳利用技术发展提供了多种选择。四是CCUS技术能耗和成本问题有望得到改善。尽管当前CCUS技术仍处于研发示范阶段，但随着技术逐渐成熟和成本不断下降，CCUS技术有望在2030年后成为中国向低碳能源系统平稳转型的重要战略储备技术，为构建化石能源与可再生能源协同互补的多元供能体系发挥重要作用。

最后，加强CCUS相关的战略规划与机制设计，坚持战略引领和上下联动的工作思路，强化经济激励在CCUS规模化应用中的重要作用，以财税政策与政策性金融资金的协调配合有序推动煤基能源产业与CCUS技术的耦合发展。一是中国应明确CCUS技术的战略地位。CCUS技术是否能够广泛应用取决于政府出台的"公平的低碳政策"。在技术发展和政策设计层面，中国可以参考可再生能源的政策模式对CCUS技术给予相关的官方支持和认可。只有国家层面先制定CCUS技术的具体规划或方针，确立我国将实施以CCUS为主导的低碳转型策略，才能够制定CCUS发展的总体方向和路线图，形成积极稳定的政策预期。二是要完善法规标准。在CCUS项目立项申请、投入运营以及设备关闭的三个阶段都需要有完善的法规框架。要建立完善的CCUS建设运营相关技术规范，研究制定CCUS试验示范项目的优选机制和遴选标准。三是要加强统筹协调。结合CCUS项目特点，建立跨区域、跨部门协同审批与监管机制，建立并完善政府部门间、地方与中央以及企业与政府有效的沟通调节机制，促进不同行业和地区的协调发展。四是要明晰CCUS项目长期的风控机制。长期来看，CCUS技术具有收益不确定性，在项目成立前应该深刻探讨技术存在的潜在隐患，对技术的风险、阻碍、潜力进行全方位的评估。五是要科学运用财税、金融等政策工具，通过财政补贴、税收激励、增信机制等弥补"煤基能源+CCUS"产业发展的资金缺口问题，激励企业开展全流程的集成示范项目。从市场和政府两方面探究CCUS的投融资模式，利用气候债券、低碳基金和绿色金融等工具对CCUS项目注资，切实提升对煤基能源产业与CCUS耦合发展的政策支持和经济激励，为CCUS长期发挥重要减排作用奠定坚实基础。

参考文献

[1] 安国俊. 碳中和目标下的绿色金融创新路径探讨 [J]. 南方金融，2021(02):3-12.

[2] 蔡博峰，李琦，张贤，等. 中国二氧化碳捕集利用与封存 (CCUS) 年度报告 (2021)——中国 CCUS 路径研究 [R]. 生态环境部环境规划院，中国科学院武汉岩土力学研究所，中国 21 世纪议程管理中心，2021.

[3] 车亮亮，韩雪，武春友. 中国煤炭流动格局与利用效率的空间关联分析 [J]. 经济地理，2015, 35(002): 134-140.

[4] 崔学勤，王克，邹骥. 2℃和 1.5℃目标对中国国家自主贡献和长期排放路径的影响 [J]. 中国人口·资源与环境，2016, 26(12):1-7.

[5] 段宏波，汪寿阳. 中国的挑战：全球温控目标从 2℃到 1.5℃的战略调整 [J]. 管理世界，2019, 35(10):50-63.

[6] 国际能源网. 破产！甩卖！绝望中的煤电"十四五"可有转机？ [EB/OL].

[7] 国网能源研究院有限公司. 中国能源电力发展展望 2019 [M]. 北京：中国电力出版社，2019.

[8] 黄莹，廖翠萍，赵黛青. 中国碳捕集、利用与封存立法和监管体系研究 [J]. 气候变化研究进展，2016,12(4): 7.

[9] 李红霞，陈磊，连亚伟. 基于去产能政策下我国煤炭产业战略分析 [J]. 煤炭工程，2020, 52(6): 7.

[10] 李雪玉. 我国散煤综合治理现状、问题及建议 [J]. 中国能源，2020, 42(11):9-13.

[11] 林伯强. 中国碳中和视角下二氧化碳捕集、利用与封存技术发展 [N]. 第一财经日报，2021-06-17(A11).

[12] 刘牧心，梁希，林千果. 碳中和背景下中国碳捕集、利用与封存项目经济效益和风

险评估研究［J］. 热力发电，2021，50(09):18-26.

[13] 刘晓龙，葛琴，姜玲玲，等. 中国煤炭消费总量控制路径的思考［J］. 中国人口·资源与环境，2019,29(10):7.

[14] 刘洋，李一冉. 钢铁行业-钢铁碳中和：低碳冶金，"氢"来了［R］. 东方证券，2021.

[15] 刘洋，孙天一. 有色金属行业-钢铁碳中和：必要性及去产量可能路径探讨［R］. 东方证券，2021.

[16] 卢彬. 煤电需要"托底保供"，不能"开闸放水"［EB/OL］.

[17] 鲁博文，张立麒，徐勇庆，等. 碳捕集、利用与封存(CCUS)技术助力碳中和实现［J］. 工业安全与环保，2021, 47(S1):30-34.

[18] 毛显强，邢有凯，高玉冰，等. 钢铁、水泥行业深度脱碳的协调控制效果评估与路径设计［R］. 北京亚太展望环境发展咨询中心，北京师范大学全球环境政策研究中心，2020.

[19] 煤控研究项目散煤治理研究课题组. 中国散煤综合治理研究报告［R］. 第五届中国散煤综合治理大会，2020.

[20] 美国国家石油委员会. 迎接双重挑战：碳捕集、利用和封存规模化部署路线图［R］. 美国能源部，2020.

[21] 聂立功，姜大霖，李小春. CCUS技术与中国煤基能源低碳发展的关系［J］. 煤炭经济研究，2020, 35(3): 5.

[22] 聂立功. 气候目标下中国煤基能源与CCUS技术的耦合性研究［J］. 中国煤炭，2017, 43(10):10-14.

[23] 彭春元，许日昌，殷素红，等. 水泥产业低碳技术路线图的研究方法探讨［J］. 材料导报，2012, 26(19):106-111.

[24] 申学峰. 国内钢铁行业碳中和路径［R］. 远东研究·行业研究，2021.

[25] 世界钢铁协会. 2020年全球钢铁行业年鉴［R］. 2020.

[26] 孙伟善. 2020年度重点石化产品产能预警报告［R］. 2020化石产业发展大会，石油和化学工业联合会，2020.

[27] 孙旭东，张博，彭苏萍. 我国洁净煤技术2035发展趋势与战略对策研究. 中国工程科学，2020, 22(3): 9.

[28] 王明华. 新发展格局下现代煤化工产业面临的挑战与对策研究［J］. 中国煤炭，2021, 47(1): 4.

[29] 魏军晓，耿元波，沈镭，等. 中国水泥生产与碳排放现状分析［J］. 环境科学与

技术，2015, 38(08):80-86.

[30] 萧河. 我国应大力推进 CCUS 规模化发展 [J]. 中国石化，2019, (7): 1.

[31] 徐学军. 展望"十四五"任重道远建材行业大有作为（之二）[J]. 江苏建材，2021(05):54-57.

[32] 杨富强，陈怡心. "十四五"推动能源转型实现碳排放达峰 [J]. 阅江学刊，2021, 13(4):73-85,124.

[33] 叶肖鑫，吴建璋. "碳中和"下钢铁行业的机遇和问题——钢铁行业碳中和专题报告 [R]. 中国银行证券研究院，2021.

[34] 俞红梅，邵志刚，侯明，等. 电解水制氢技术研究进展与发展建议 [J]. 中国工程科学，2021, 23(2): 7.

[35] 张贤. 碳中和目标下中国碳捕集利用与封存技术应用前景 [J]. 可持续发展经济导刊，2020 (12): 3.

[36] 张运洲，张宁，代红才，等. 中国电力系统低碳发展分析模型构建与转型路径比较 [J]. 中国电力，2021, 54(03):1-11.

[37] 赵社库. 我国煤化工产业现状及发展建议 [J]. 化工管理，2019 (21): 2.

[38] 赵晓飞. 现代煤化工：在危机倒逼中进一步强化 [J]. 中国石油和化工，2020 (11): 2.

[39] 郑宇. 新型煤化工废水零排放技术问题与解决思路 [J]. 中国化工贸易，2015 (35).

[40] 中国电力企业联合会. 煤电机组灵活性运行与延寿运行研究 [R]. 2020.

[41] 中国 21 世纪议程管理中心. 中国碳捕集利用与封存（CCUS）技术评估报告 [R]. 2021.

[42] 中国电力企业联合会. 中国电力行业年度发展报告 2021 [EB/OL].

[43] 中国建筑材料联合会. 中国建筑材料工业年鉴 [J]. 中国建筑材料工业年鉴编辑部，2020.

[44] 中国建筑材料联合会. 中国建筑材料工业碳排放报告 [R]. 2020.

[45] 中国煤炭网. 25 家上市煤炭企业 2020 年半年报悉数出炉，煤炭股业绩整体下滑 [EB/OL].

[46] 中国长期低碳发展战略与转型路径研究课题组，清华大学气候变化与可持续发展研究院. 读懂碳中和 [M]. 北京：中信出版集团，2021.

[47] IEA. An energy sector roadmap to carbon neutrality in China [EB/OL].

[48] Darrell P. China Promotes Climate Goal, and Builds New Coal Plants [EB/OL].

[49] Li X C, Wei N, Jiao Z S, et al. Cost curve of large-scale deployment of CO_2-enhanced water recovery technology in modern coal chemical industries in China [J].

International Journal of Greenhouse Gas Control, 2019, 81: 66-82.

[50] PHYSORG. 'Two-headed beast': China's coal addiction erodes climate goals [EB/OL].

[51] Wei N, Li X C, Dahowski R T, et al. Economic evaluation on CO_2-EOR of onshore oil fields in China [J]. International Journal of Greenhouse Gas Control, 2015, 37: 170-181.

[52] BP. BP Statistical Yearbook of World Energy, 2021 [EB/OL].

[53] IEA. Energy Technology Perspectives2020, 2020 [EB/OL].